NAPOLÉON,

PREMIER EMPEREUR DES FRANÇAIS,

PRÉDIT PAR NOSTRADAMUS,

OU

NOUVELLE CONCORDANCE

DES PROPHÉTIES DE NOSTRADAMUS,

Avec l'Histoire, depuis HENRI II jusqu'à NAPOLÉON-LE-GRAND, glorieusement régnant.

De l'Imprimerie française et allemande

DE J. L. SCHERFF,

Rue des Bons - Enfans, n°, 30.

NAPOLÉON,

PREMIER EMPEREUR DES FRANÇAIS,

PRÉDIT PAR NOSTRADAMUS,

OU

NOUVELLE CONCORDANCE

DES PROPHÉTIES DE NOSTRADAMUS,

Avec l'Histoire, depuis Henri II jusqu'à Napoléon-le-Grand, glorieusement régnant.

Ouvrage précédé d'une Notice historique sur Nostradamus, et suivi de l'Onomatomancie appliquée à Napoléon premier, Empereur des Français et Roi d'Italie.

Par F. d. S. M. J. P. B. BELLAUD,

DOCTEUR EN MÉDECINE DE LA FACULTÉ DE MONTPELLIER.

Ultima cumæi venit jam carminis ætas :
. . . .
. . . . . . Redeunt Saturnia regna;
Jam nova progenies cælo demittitur alto.
(VIRGILIUS, *Eclog. IV.*)

Les tems prédits par la Sibylle
A leur terme sont parvenus ;
Nous touchons au règne tranquille
Du vieux Saturne et de Janus.

Et, pour réparer *nos ruines*,
Je vois des demeures divines
Descendre un peuple de héros.
(J. B. ROUSSEAU, *Ode I, liv. 2.*)

A PARIS,

CHEZ { DESENNE, Libraire, palais du Tribunat, n°. 2.
{ TARDIEU, Libraire, passage des Panoramas, n°. 12.

M. DCCC. VI.

Deux exemplaires de cet ouvrage ont été déposés à la Bibliothèque impériale.

Je poursuivrai, suivant la rigueur des lois, ceux qui contreferont, en tout ou en partie, le présent ouvrage, ainsi que leurs débitans.

narque son respect et sa gratitude, lui dédia trois Centuries.

C'est par les mêmes motifs que j'ai l'honneur de présenter à VOTRE ALTESSE SÉRÉNISSIME *la concordance des prophéties de ce personnage célèbre avec l'histoire*.

Les anciens commentaires qui en ont paru ont été publiés sous les auspices des plus grands princes ; c'est ce qui m'a porté à croire que ces nouvelles explications n'étaient pas indignes d'être offertes à VOTRE ALTESSE SÉRÉNISSIME , puisqu'étant d'ailleurs spécialement consacrées à célébrer l'avènement de l'Empereur NAPOLÉON au trône impérial de France , elles ne pouvaient manquer, sous ce rapport, d'être favorablement accueillies par VOTRE ALTESSE SÉRÉNISSIME.

Je la supplie de vouloir bien agréer cet hommage , comme un témoignage

*public de ma vive reconnaissance , et
du profond respect avec lequel je suis ,*

MONSEIGNEUR,

De VOTRE ALTESSE SÉRÉNISSIME,

Le très-humble et très-obéissant
serviteur,

BELLAUD.

PRÉFACE.

Les principaux interprètes de Nostradamus ont fait précéder leurs commentaires d'une longue apologie de cet homme extraordinaire : cette précaution n'était peut-être pas inutile dans un tems peu éloigné de celui où l'on avait répandu, sous le nom de Nostradamus, beaucoup de prédictions tellement fausses et ridicules, qu'elles avaient fait regarder en pitié celui à qui elles étaient attribuées. Mais aujourd'hui qu'il ne reste plus sous son nom que ce qu'un grand nombre d'éditions de ses *Centuries* a constaté lui appartenir véritablement, toute apologie devient superflue : il faut se borner à montrer que ses prédictions contiennent des choses qui méritent l'attention des honnêtes gens, quoique jusqu'ici les personnes éclairées aient généralement cru que non, comme on croit beaucoup de choses, sans se donner la peine de s'en assurer, et sur la foi de ceux qui, ayant voulu essayer de lire les *Centuries*, ont été rebutés par le dégoût que leur a inspiré le style obscur et barbare dans lequel elles sont écrites.

Quant à moi, qui les ai lues et relues en entier, j'avoue que la première lecture ne me satisfit pas beaucoup ; mais j'y fus cependant frappé de ces vers : *Sénat de Londres mettront à mort leur roi. De soldat simple parviendra en empire.* Ayant lu depuis l'explication du quatrain 57 de la 3ᵉ. *Centurie*, sur l'é-tablissement de l'empire français, et du quatrain 54 de la 4ᵉ. *Centurie*, sur l'avè-nement de l'Empereur Napoléon, j'entrepris une seconde lecture de toutes les prophéties, et j'y découvris un grand nombre d'évènemens arrivés de nos jours.

Voilà ce qui m'a donné l'idée de l'ouvrage que je publie (1).

Je ne prétends pas qu'on doive considérer Nostradamus comme un prophète inspiré de Dieu, ainsi que ses partisans l'ont soutenu ; mais je ne crois pas non plus que ses écrits méritent l'oubli

-----

(1) Annoncé dans le *Journal de Paris* du 9 messidor an 13.

dans lequel ils ont été plongés pendant long-tems.

N'est-il pas très-extraordinaire que, par des explications simples et naturelles, telles que celles des quatrains relatifs à l'avènement de l'empereur Napoléon et à tous les évènemens postérieurs à 1789, on trouve dans Nostradamus la prédiction des principaux faits de l'histoire de France, depuis 1557 ?

Mais l'on répondra qu'on peut y trouver tout ce qu'on veut ; et l'on ajoutera, avec Naudé, que ces *Centuries* ressemblent à ce soulier de Théramènes, qui se chaussait indifféremment par toutes sortes de personnes ; ou à cette mesure lesbienne qui était de plomb, afin qu'elle pût s'adapter également à toutes les figures, carrées, obliques, rondes et cylindriques.

Cette objection pourra être fondée, si on l'applique à la recherche des évènemens futurs, auxquels mon ouvrage n'est nullement relatif, (j'excepte cependant la conquête de l'Angleterre, qui est annoncée en termes très-formels). Mais pour qu'elle pût être faite à l'égard des évènemens passés, il faudrait pouvoir prouver que quelques-uns des quatrains de Nostradamus annoncent des faits opposés à ceux que les tems ont amenés. Par exemple, qu'on m'y fasse voir que Henri II ne devait pas mourir des suites d'un duel; que la maison de Valois devait toujours conserver le trône de France; que Louis XIV devait mourir jeune et n'être qu'un monarque très-ordinaire;

que les règnes de Charles Ier., roi d'Angleterre, et de Louis XVI, devaient être glorieux ; que jamais le trône de France ne serait le prix de la valeur ; que cette monarchie ne serait pas érigée en empire ; qu'elle n'aurait plus de mouarque premier de son nom , ou enfin d'autres choses tout aussi fausses.

Voilà la seule réfutation raisonnable qu'on pourrait opposer à cette concordance, puisque je ne la publie que comme un monument singulier et digne , sous ce rapport, d'exciter la curiosité publique.

NOTICE HISTORIQUE

Sur MICHEL NOSTRADAMUS, *docteur en médecine de la faculté de Montpellier, conseiller-médecin ordinaire des rois Henri II, François II, et Charles IX.*

MICHEL de Nostredame, vulgairement connu sous le nom de Nostradamus, fils de Jacques de Nostredame, notaire royal, et de Renée de St.-Remy, naquit le 14 décembre 1503, à St.-Remy en Provence, vers l'heure de midi, sous le règne de Louis XII, et le pontificat de Jules II. Son bisaïeul Pierre de Nostredame, était médecin de René, surnommé le Bon, roi de Hongrie, de Sicile, de Jérusalem et de Calabre, vingt-unième comte de Provence, et de Jean, duc de Calabre, son fils (1).

---

(1) Chronique de Provence, pages 628, 644, 648 et 726.

(14)

Cette famille était néophyte, de la tribu d'Issachar; elle fut comprise en cette qualité dans
l'imposition répartie sur ces sortes de familles
en 1512, et Nostradamus se glorifiait de son
extraction par l'application d'un passage du premier livre des paralipomènes qui porte « que ceux
de la tribu d'Issachar étaient des hommes experi-
mentés, connaissant tous les tems (1). » Gaufridi parle avec éloge des juifs de Provence, et
dit, qu'ils se rendirent tellement habiles dans
l'exercice de la médecine, que les princes même
se servaient d'eux, que le roi René en avait
toujours auprès de sa personne, et qu'il en
faisait beaucoup de cas (2).

Jean de St.-Remy, médecin, aïeul maternel de
Michel, voulut se charger du soin de son éducation, et lui donna les premières connaissances
en mathématiques et en astronomie : après sa
mort, le père de Nostradamus envoya son fils
à Avignon pour y achever ses études : il y fit sa
rhétorique avec tant d'éclat, que ses maîtres
jugèrent dès-lors qu'il serait un homme extraordinaire. Il passa de là à Montpellier, où après

____

(1) Paralipomenes, liv. 1, chap. 12, vers. 32 : *de filiis quo-*
què Issachar viri eruditi qui noverant singula tempora.
(2) Histoire de Provence, page 387.

avoir fait sa philosophie, il étudia la médecine qu'il alla ensuite exercer à Narbonne, Toulouse et Bordeaux. Sa réputation s'était tellement accrue pendant l'espace de quatre ans que dura son absence, qu'étant retourné à Montpellier pour y prendre le doctorat, il fut reçu par l'université avec la plus grande distinction et admis au grade de docteur, au milieu des plus vifs applaudissemens, n'étant encore âgé que de vingt-six ans.

Après avoir été reçu docteur en médecine, il alla exercer sa profession à Agen, où il se lia très-étroitement avec Jules-César Scaliger l'un des plus célèbres personnages de son siècle. Cette liaison ne fut pas de longue durée (1). Néanmoins, quoique Scaliger se soit permis d'écrire contre lui, Nostradamus ne lui a jamais témoigné de ressentiment, et n'en a parlé qu'avec les égards et les témoignages d'estime qu'il méritait (2).

Il se maria à Agen, et eut deux enfans qui moururent en bas-âge : leur mère ne leur ayant pas beaucoup survécu, il quitta cette ville, et

----

(1) Janus Gallicus, page 2.
(2) Vie et Testament de Michel Nostradamus, Paris, 1789, page 12.

après avoir parcouru la France et l'Italie, il retourna en Provence, passa trois ans à Aix, en qualité de médecin ordinaire de cette ville, et alla ensuite se fixer à Salon. Il y épousa, peu de tems après, Ponce Gemelle, dont il eut six enfans, quatre garçons et deux filles.

C'est après son second mariage qu'il s'adonna plus particulièrement à l'astronomie et à la connaissance des choses futures. Il fit d'abord paraître quelques prédictions qui, jointes à beaucoup d'autres, qui n'étaient pas de lui, ayant été insérées dans les almanachs, donnèrent lieu aux écrits de Pavillon (1) et au distique latin de Jodelle :

Nostradamus cum falsa damus, nam fallere nostrum est
Et cum falsa damus nil nisi Nostra damus.

Les amis de Nostradamus y répondirent par celui-ci :

Vera damus cum verba damus quæ Nostradamus dat;
Sed cum nostra damus nil nisi falsa damus.

---

(1) Les Contredits aux faulses et abusives Prophéties de Nostradamus et autres astrologues, par le sieur Couillard du Pavillon ; Paris, 1560.

Et cet autre :

Nostra damus cum verba damus quæ Nostradamus dat ;
Nam quæcumque dedit nil nisi vera dedit.

Ce qui exprime le sens de ces deux vers qu'il avait faits lui-même :

> J'annonce vérité simplement et sans pompe ;
> Et mon présage vrai nullement ne me trompe.

Cependant malgré l'envie et les calomnies de ses ennemis, il se détermina à mettre au jour ses sept premières centuries qu'il dédia à son fils César Nostradamus, le premier mars 1555. Cet ouvrage ayant fait la plus vive sensation, le roi Henri II, et la reine Catherine de Médicis son épouse voulurent voir son auteur. Il partit de Salon pour se rendre à leurs ordres, le 14 juillet 1556, âgé d'environ 53 ans, et arriva à Paris le 15 août suivant.

Le connétable de Montmorency se rendit sur-le-champ auprès de lui, et voulut le présenter au roi. S. M. le reçut avec beaucoup de bonté, et ordonna au cardinal de Bourbon, archevêque de Sens, de le loger chez lui. Il y essuya une attaque de goutte qui dura dix à douze jours, pendant lesquels le roi et la reine lui envoyèrent chacun une bourse de cent écus d'or. Il alla ensuite, par ordre du roi, voir les quatre princes, ses enfans, à Blois, et étant retourné à St.-Germain-en-Laye, il repartit pour Salon, comblé d'honneurs et des présens de LL. MM.

Voici comment son fils César raconte ce fait (1) : « Parquoi au commandement de sa majesté que le gouverneur qui l'aimait et l'estimait lui communique, il s'appreste, et part de sa maison au 53 de sa vie, le 14 juillet, et se rend aux murs de Paris le 15 du mois d'aoust, jour de l'Assomption Notre-Dame, luy qui en portait le nom, allant descendre à l'enseigne de St.-Michel pour rendre l'auspice heureux entièrement accomply. M. le connétable qui en a le vent, par une excellente faveur le va prendre en son logis, et le présente au roi, qui commande de le loger chez le cardinal de Sens : là la goutte qui le surprend, le destient dix à douze jours, pendant lesquels sa majesté luy envoye cent escus d'or dans une bourse de velours, et la royne presque autant : au moyen de quoi il n'eust plustot hors de ces violentes douleurs, que par l'exprès commandement du roy il prend le chemin de Blois, pour voir les enfans de

______

(1) Chronique de Provence, page 776.

France : ce qu'il fit très-heureusement. Quant aux honneurs, dépouilles royales, joyaux et magnifiques présens qu'il reçeut de leurs majestés, des princes, et plus grands de la cour, j'aime mieux les laisser au bout de ma plume, que de les dire par trop d'exquise vanité, craignant d'en avoir plus dit que ne requiert la modestie. »

Encouragé par les bontés du roi et de la reine, il publia, le 27 juin 1558, trois autres centuries qu'il dédia à Henri II.

Après la mort de ce prince, arrivée le 10 juillet 1559, avec les circonstances prédites par Nostradamus, au trente-cinquième quatrain de sa première centurie (1) : le duc de Savoie et la duchesse Marguerite de France son épouse, se rendant à Nice, passèrent par Salon, et honorèrent Nostradamus de leur visite (2) : ils avaient conçu une telle estime pour lui, que la duchesse étant enceinte, le duc son époux impatient de connaître le sexe de l'enfant qu'elle portait, voulut consulter Nostradamus. Philibert maréchal, seigneur du Mont-Simon en Bresse,

---

(1) Chronique de Provence, page 782 ; Éclaircissèmens des véritables quatrains de Nostradamus, page 386. Concordance des prophéties de Nostradamus, page 86.

(2) Chronique de Provence, page 783.

contrôleur-général des guerres, fut envoyé pour cela en Provence : il trouva Nostradamus à Salon, et lui ayant fait part de sa mission, ils allèrent tous denx à Nice, où après avoir rendu visite à la duchesse, Nostradamus assura son altesse « qu'elle avait grand sujet de se réjouir, par ce que l'enfant dont la princesse était enceinte serait un fils qui s'apellerait *Charles*, et qui serait le plus grand capitaine de son siècle (1). » Il fut en effet nommé Charles-Emmanuel, et mérita dans la suite le surnom de Grand.

La naissance du prince de Savoie prédite par Nostradamus augmenta beaucoup sa réputation, et attira auprès de lui un grand nombre d'étrangers qui venaient exprès à Salon pour voir cet homme célèbre.

En 1564, le roi Charles IX, accompagné de la reine Catherine de Médicis sa mère, parcourut són royaume. Arrivé à Salon, le 17 octobre, il demanda aux magistrats venus à sa rencontre, des nouvelles de Nostradamus : celui-ci qui était à leur suite, fut aussitôt présenté au roi, et eut l'honneur d'accompagner sa majesté jusques dans l'appartement qui lui avait été préparé ; « où, dit César de Nostredame, il entretint fort lon-

____

(1) Histoire générale de la maison de Savoie, tome I, page 78.

guement ce jeune roy et la royne régente sa mère, qui eurent cette humaine curiosité de voir toute sa petite famille, jusqu'à une fille de lait, et de ce me souviens fort bien, car je fus de la partie (1). »

La reine mère lui témoigna en son particulier, la satisfaction qu'elle éprouvait à le voir une seconde fois. Comme elle avait une grande confiance en lui, elle le pria d'examiner soigneusement le duc d'Anjou son fils qu'elle aimait tendrement, et de lui faire savoir quelle devait être sa fortune ; ce qu'il fit en l'assurant que ce prince succéderait à la couronne (2).

Pendant que le roi était à Salon, Nostradamus ayant attentivement observé le roi de Navarre qui était de sa suite, remarqua dans sa physionomie quelque chose qui excita sa curiosité ; pour la satisfaire, il pria le gouverneur de ce jeune prince de lui permettre de le voir tout nud : le gouverneur connaissant Nostradamus, jugea qu'il devait se promettre quelque heureux présage après la visite ; aussi l'ac-

---

(1) Chronique de Provence, page 802. César était alors âgé de neuf ans, étant né en 1555.

(2) Il a régné sous le nom de Henri III.

corda-t-il volontiers; mais le jeune prince y opposa de la résistance, tant à cause de la grande barbe de Nostradamus qui lui fit peur, que parce qu'il crut que son gouverneur prenait ce prétexte pour lui donner le fouet plus facilement (1); mais on le rassura sur ces deux points, et Nostradamus après avoir fait son examen, dit au gouverneur que ce jeune prince serait un jour roi de France, et qu'il régnerait assez longtems. « Je remarque ceci, ajoute Gaufridi, pour suivre la foi de mes mémoires seulement, non pour élever la gloire de Nostradamus, car cet homme s'est acquis tant de réputation, que je ne crois pas la pouvoir augmenter par la singularité de cette remarque (2). »

Charles IX, après avoir parcouru la Provence, s'arrêta à Arles où il demeura quinze jours : pendant son séjour dans cette ville il voulut revoir Nostradamus. Ecoutons son fils César à ce sujet. « Pendant son séjour à Arles, Charles IX fut desireux de voir plus amplement mon père, qu'il envoya quérir exprès, auquel après plusieurs discours, sachant fort bien que le feu roy Henry second, de très-héroïque mémoire, son père, en

---

(1) Henri IV était alors âgé de onze ans.

(2) Histoire de Provence, page 526.

avait fait cas particulier, et l'avait beaucoup
honoré à son voyage de France, il fit despescher
avec vn présent de deux cents escus d'or, et de
là moitié autant que la royne luy donna, ses
patentes de conseiller et de médecin ordinaire
aux gages, prérogatives et honneurs accoustumez,
douces et agréables choses, si elles eussent eu
quelque fermeté plus durable, et pour lui et pour
les siens, qu'il n'eust pû faillir de monter en
quelque meilleure fortune qu'il ne les abandonna.
Ces royalles faueurs qui ne durèrent qu'un moment, semblèrent être les signes et avant-cou-
riers certains qu'vn plus grand roy que celuy de
France, l'envoyerait bientost quérir pour res-
pondre à son tribunal, comme peu après nous
verrons (1). »

Nostradamus ne jouit pas longtems des avan-
tages qu'il pouvait espérer de la faveur du roi:
il ne vécut plus que seize mois, pendant lesquels
il eut de fréquentes et vives atteintes de goutte.
Au mois de juin 1566, lorsqu'il reconnut sa fin
prochaine, il écrivit aux Ephémérides de Jean
Stadius, ces mots latins : *Hic propè mors est*,
(la mort est près d'ici) (2); et le soir du pre-

---

(1) Chronique de Provence, page 802.
(2) Janus Gallicus, page 4.

mier juillet, veille de sa mort, il dit à Edme Chavigni son ami, qui prenait congé de lui, qu'il ne le verrait pas en vie au soleil levant (1). On était cependant persuadé qu'il vivrait encore plusieurs jours, et tout le monde se retira pour le laisser reposer pendant quelques heures; mais lorsqu'on rentra dans sa chambre, avant le jour, on le trouva mort, assis sur un banc près de son lit, conformément à ce qu'il avait annoncé dans le dernier de ses présages en ces termes:

> Du retour d'ambassade don de roy, mis au lieu,
> Plus n'en fera; sera allé à Dieu :
> Parens plus proches, amis, freres du sang,
> Trouvé tout mort près du lict et du banc.

Du retour d'ambassade, c'est-à-dire, qu'à son retour du voyage qu'il ferait en la ville d'Arles pour y voir la cour, *don de roi,* sa majesté lui ferait des dons, comme elle fit en effet; *mis au lieu,* de retour à Salon; *plus n'en fera,* qu'il ne ferait plus de prophéties; *sera allé à Dieu,* et que le seigneur l'appellerait bientôt à lui. Les troisième et quatrième vers indiquent jusqu'aux moindres particularités de sa fin dernière (2).

____

(1) Janus Gall. pag. 4.
(2) Concordance, page 25.

(25)

Il fut enterré dans l'église dés Cordeliers de Salon ; le jour de sa mort, 2 juillet 1566 *propre jour de Nôtre-Dame*, ainsi que l'observe son fils César (1). Sa veuve fit mettre sur son tombeau son portrait et ses armes, avec l'épitaphe suivante :

D. O. M.

Ossa Clarissimi Michaëlis Nostradami unius omnium mortalium judicio digni, cujus penè divino calamo totius orbis ex astrorum influxu futuri eventus conscriberentur. Vixit annos 62 menses 6 dies 10. obiit Salonæ CIƆ IƆLXVI, die 2 julii.

Anna Pontia Gemella Conjugi optimo V. F.

C'est-à-dire. « Ci-gît le très-célèbre Michel Nostredame, de qui la plume presque divine a été seule trouvée digne de décrire les évènemens qui arriveront dans tout l'univers par l'influence des astres. Il a vécu 62 ans 6 mois 10 jours. Il est mort à Salon-de-Craux, le 2 juillet 1566.

« Anne Ponce Gemelle, a consacré ce monument au meilleur des époux. »

----

(1) Chronique de Provence, page 803.

Quoique son tombeau n'eût rien de remarquable, il a été honoré de la visite de Louis XIII en 1622, et de celle de Louis XIV en 1660 (1).

Voici le portrait de Nostradamus, tracé par Chavigni. « Il estoit de stature un peu moindre que la médiocre, de corps robuste, alègre et vigoureux : il avoit le front grand et ouvert, le nez droit et esgal, les yeux gris ; le regard doux et en ire comme flamboyant, le visage sévère et riant, de sorte qu'avec la sévérité se voyoit en iceluy conjointe une grande humanité : les joues vermeilles, voire jusqu'en l'extresme aage, la barbe longue et espaisse, la santé bonne et gaillarde, si nous exceptons la vieillesse, et tous les sens aigus et très-entiers. Quant à l'esprit, il l'avoit vif et bon, comprenant légèrement tout ce qu'il vouloit : le jugement subtil, la mémoire felice et admirable ; de nature taciturne, pensant beaucoup et parlant peu ; discourant très-bien en temps et lieu : au reste vigilant, prompt et soubdain, colère, patient du labeur. Son dormir n'estoit que de quatre à cinq heures, louant, aimant la liberté de langue, joyeux, facetieux, mordant en riant (2). »

____

(1) Vie et Testament de Nostradamus, page 88.

(2) Janus Gallicus, pages 5 et 11. « *Staturâ fuit breviore*

Son axiome favori était celui-ci : *la main du pauvre est la bourse de Dieu.*

Il laissa six enfans de son second mariage, quatre garçons et deux filles.

Michel, qui fut l'aîné de sa famille, mourut après avoir fait imprimer un traité d'astrologie. César qui fut le second, épousa Claire de Grignan, et mourut âgé de 74 ans, en 1629 : il est l'auteur de la *Chronique de Provence*, qu'il publia en 1614, et dont le roi Henri IV lui fit l'honneur d'accepter la dédicace : cet ouvrage donna lieu à Pierre Guyon, de dire, en un heureux distique latin, que dans les deux Nostradamus on trouvait à s'instruire du passé comme de l'avenir.

Tempora lapsa canit Cæsar, ventura Michaël :
Ut cecinit, vates dignus uterque poli.

Le troisième des fils de Nostradamus, nommé

---

pòtiùs quàm mediocri, robusto ac vegeto corpore, si senium excipias. Lata frons illi et læta, genæ rubicundæ etiam in extremá ætate, igneum fulgentes oculi, barba promissa, quam subindè demulcebat : sensus integerrimi, memoria penè divina. Parcissimo somno utebatur, labôrum tolerantissimus, promptus linguá, promptior ingenio, taciturnus tamen : sed ità ut loquendi libertatem amaret, lætus, facetus, mordax.»

Charles, s'adonna à la poésie provençale, et mérita d'être compté parmi les trois premiers poëtes provençaux de son tems. C'est de lui dont il est question sous le nom de Charles, dans les trois vers suivans :

> Pour retirer de l'orque, un poëte, un guerrier ;
> Un Provençal honneur, il faut que l'on couronne
> Louis, Charles et Pau, de chêne et de laurier.

Les deux autres poëtes, sont Louis de Bellaud de la Bellaudière, et Pierre Pau son oncle, dont les poésies provençales furent imprimées ensemble à Marseille, en 1595 (1) : ces trois poëtes s'étaient de plus signalés dans la profession des armes.

Le quatrième des enfans mâles de Nostradamus se fit capucin ; il mourut le 3 décembre 1601, et fut enseveli dans le couvent des capucins de Brignoles. Sa vie est écrite dans les annales de son ordre.

Les *Centuries* de Michel Nostradamus qui avaient paru successivement en 1555 et en 1558, furent après sa mort, réunies à toutes ses autres prophéties, et imprimées à Lyon, chez Benoist-

----

(1) *Obros et rimos prouvenssalos.*

(29)

Rigaud en 1568. Il en a été fait depuis plusieurs autres éditions, et celle de 1568 est devenue très-rare. Elle doit être distinguée d'une contre-faction, qui quoique datée de Lyon 1568, a été imprimée à Paris en 1649, et dans laquelle il a été inséré deux faux quatrains, qui sont les quarante-deuxième et quarante-troisième de la septième centurie, laquelle au moyen de cette addition, se trouve avoir 44 quatrains au lieu de 42. Cette édition fut tellement répandue par les ennemis du cardinal Mazarin, qui compo-sèrent ces deux quatrains, qu'elle est encore assez commune (1).

Indépendamment de ses prophéties, Nostra-

----

(1) Elle est à la Bibliothéque impériale, sous le N°. 4621, Y. La même bibliothèque possède les éditions de Paris, 1668, Leyde, 1650, et Lyon, 1698, dans lesquelles on trouve aussi quarante-quatre quatrains à la septième Centurie, par l'addition de deux quatrains autres que ceux insérés dans la contrefaction de 1649, sous la date de 1568. Mais les deux plus anciennes éditions que l'on trouve dans ce vaste dépôt sont, celle faite à Troyes, chez Pierre Chevillot, en 1629, et une autre sans nom de ville ni d'imprimeur, sous la date de 1605, portant qu'elle a été faite sur la copie imprimée par Benoist Rigaud, en 1568; elle est sous le N°. 4622, Y. Ces deux dernières, les plus anciennes et les plus authentiques, n'ont que quarante-deux quatrains à la septième Centurie.

damus avait composé dans sa jeunesse et pendant ses études en médecine, un livre de *singulières recettes pour la santé du corps humain,* imprimé à Poitiers en 1556, et un autre ouvrage sur les *Moyens de conserver le teint frais, la beauté de la figure, et du corps en son entier;* cet ouvrage fut imprimé chez Plantin à Anvers en 1557. Il traduisit aussi la paraphrase de Galien, sur l'exhortation de Ménédoté; cette traduction a été imprimée chez Antoine du Rhosne à Lyon en 1557.

NAPOLÉON,

PREMIER EMPEREUR DES FRANÇAIS,

PRÉDIT PAR NOSTRADAMUS,

OU

NOUVELLE CONCORDANCE

Des Prophéties de Nostradamus avec l'histoire, depuis Henri II, jusqu'à Napoléon-le-Grand, glorieusement régnant.

INTRODUCTION.

Centurie I, Quatrain 1.

Estant assis de nuict secret estude,
Seul, reposé sur la selle d'ærain :
Flambe exigue sortant de solitude,
Fait proférer qui n'est à croire vain.

Même Centurie, Quatrain 2.

La verge en main mise au milieu des branches,
De l'onde il moulle et le limbe et le pied :
Vn peur et voix frémissent par les manches
Splendeur divine, le divin près s'assied.

Nostradamus fait connaître par ces deux premiers quatrains, servant d'introduction à ses prophéties, les dispositions dans lesquelles il se mettait avant de les écrire ; la première était la tranquillité de corps et d'esprit qu'il exprime par ces mots : *Estant assis de nuict secret estude seul :* la suite du second vers, *Reposé sur la selle d'œrain,* renferme une allusion au trépied, sur lequel montait la prêtresse de Delphes, lorsqu'elle voulait rendre ses oracles, et indique en même tems, par cette *selle d'œrain,* le courage et la patience qui formaient la seconde disposition nécessaire dans ses méditations nocturnes: *Flambe exigue sortant de solitude,* c'est-à-dire, qu'une lumière céleste venait alors dans sa retraite éclairer son entendement, et lui donner la connaissance des choses futures : *fait proférer qui n'est à croire vain,* et qu'il *proferoit,* ou écrivait des choses qui n'étaient ni inutiles ni vaines.

Les deux premiers vers du second quatrain, expriment qu'il prenait la *verge,* c'est-à-dire, la plume, *au milieu des branches,* entre les doigts, et qu'il écrivait depuis le haut jusqu'au bas de la feuille, *et le limbé et le pied.* Il nous fait connaître dans les deux derniers vers, sa crainte et son respect pour la divinité dont il déclare n'être que l'organe : *le Divin près s'assied.*

RÈGNE DE HENRI II.

Prise de St.-Quentin par les Espagnols.   1557

La ville de St.-Quentin fut prise à la suite de la bataille de St.-Laurent, le 27 août 1557, par le duc de Savoie, commandant l'armée espagnole. Elle fut livrée au pillage et à la fureur des soldats. Philippe II avait expressément recommandé qu'on épargnât les vieillards, les femmes et les ecclésiastiques ; mais les chanoines se retirèrent, quoiqu'on leur laissât la jouissance de leurs bénéfices : *nous ne voulons pas,* dirent-ils, *demeurer dans une ville où il ne nous serait pas permis de prier Dieu publiquement pour la prospérité de la France.*

CENTURIE VI, *Quatrain* 96 (1).

Grande cité à soldats abandonnée,
Onc n'y eust mortel tumult si proche,

---

(1) Eclaircissemens des véritables Quatrains de Nostradamus, 1656, page 333.

O quelle hideuse calamité s'approche,
Pas une offense n'y sera pardonnée.

Nostradamus appelle cette ville *grande cité*, parce qu'elle était alors beaucoup plus considérable que de nos jours (1). *A soldats abandonnée*, parce qu'elle fut prise d'assaut, après avoir été courageusement défendue par l'amiral de Coligni. Le second vers justifie l'application de ce quatrain à la prise de St.-Quentin, parce qu'en effet cet événement fut le premier de ce genre qui arriva après la publication des sept premières centuries de Nostradamus. Les deux derniers vers annonçaient la dureté des vainqueurs et les mauvais traitemens qu'ils firent essuyer aux vaincus.

Si après la bataille de St.-Laurent, Philippe II, au lieu de se contenter de prendre St.-Quentin, et quelques autres places, eût marché sur Paris, il pouvait s'en emparer.

---

(1) Histoire de France, sous les règnes de Henri II, François II, Charles IX et Henri III, par Émile Piguerre, page 202, « Ainsi fut cette belle et riche ville de St.-Quentin, conquise et prise le vingt-septième jour d'aoust 1557, en laquelle ils trouvèrent (les Espagnols) de grands butins et richesses ; pour estre icelle ville un magasin de diverses marchandises qui se transportoient en Pays-Bas, et qui estoient aussi de ces lieux apportées pour le commerce et trafique de par deçà.

Les craintes qu'inspira la perte de cette bataille déterminèrent le roi à rappeler sur-le-champ le duc de Guise qui était en Italie, où il commandait l'armée destinée à agir contre Naples. Henri II lui confia toute son autorité, avec le titre de lieutenant-général du royaume.

Prise de Calais par les Français.   1558

Le duc de Guise n'eut pas plutôt rassemblé des troupes, qu'il se présente devant Calais au moment où les ennemis s'y attendaient le moins ; et au bout de huit jours, il prend cette place qui avait coûté onze mois de siège à Edouard III. Il rendit ainsi à la France une ville qu'elle avait perdue, et qu'elle regrettait depuis deux cent dix ans.

Guynes fut aussi emportée d'assaut, et les Anglais entièrement chassés du comté d'Oye.

Tous ces évènemens avaient été annoncés par le quatrain suivant :

CENTURIE IX, *Quatrain* 29 (1).

Lorsque celui qu'à nul ne donne lieu
Abandonner voudra lieu prins non prins.

---

(1) Eclaircissemens, page 355.

Feu nef par saignes régiment de Charlieu
Seront Guynes, Calais, Oye reprins.

Celui qu'à nul ne donne lieu : ces mots désignent le roi d'Espagne, qui dans ce tems-là, ne voulait céder à nul autre souverain. *Ce lieu prins non prins* est la ville de Noyon prise par un corps de cavalerie espagnole équipé à la française, qui trompa les habitans et les troupes qui défendaient la place. C'est ce qui fait dire à Nostradamus *lieu prins non prins,* c'est-à-dire, pris par ruse et non par la force des armes (1). *Abbandonner voudra,* parce que les Espagnols abandonnèrent Noyon pour ne fortifier que St.-Quentin, le Catelet et Ham. C'est dans ce même tems que le duc de Guise prit les places désignées dans le quatrième vers. Le troisième exprime l'industrie du duc, qui voulant attaquer la ville de Calais environnée de marais (appelés *Saignes* en langage provençal), employa des bateaux, et une grande quantité de solives pour faire traverser ces marais par le régiment de Charlieu, et établit une batterie du côté de la mer.

Mort de Henri II.

1559

Henri II voulant honorer les noces d'Eli—

---

(1) Histoire de France d'Émile Figuerre, page 316.

sabeth de France sa fille, avec Philippe II roi d'Espagne, fit publier un tournois dans la rue St. Antoine pour le premier juillet 1559.

Il voulut être lui-même un des tenans contre quiconque se présenterait pour combattre, et choisit pour second le prince de Ferrare et le duc de Guise.

Sur le soir, la joûte étant presque finie, le roi voulut encore rompre une lance avec le jeune Gabriel de l'Orges, comte de Montgommeri, capitaine de la garde écossaise de S. M. La reine envoya le duc de Savoie au roi, pour le supplier de revenir auprès d'elle ; il répondit que c'était *pour l'amour de la reine qu'il allait courir encore,* et franchît la barrière.

Le comte de Montgommeri fit quelque difficulté : le roi lui ordonna d'entrer en lice, il s'en excusa encore ; mais le roi se mettant en colère il courut enfin : les lances se brisèrent, et un éclat de celle du comte donna dans l'œil de S. M. ; le coup fut si violent, que le roi s'évanouit et mourut dix jours après des suites de sa blessure.

« En perdant Henri II, dit Gauffridi (1), la France perdit un des plus grands rois qu'elle eût jamais vû sur le trône ; roi vaillant, juste, débon-

____

(1) Histoire de Provence, page 495.

naire, religieux, amateur du bien public, roi enfin qui à l'âge de quarante-deux ans, dans lequel il mourut, fit voir que la grande réputation ne s'acquiert pas par la longue vie, mais par le bon usage qu'on en fait. Emile Piguerre ajoute (1), que jamais personne ne sortit de devant lui qu'il ne s'en retournât content. »

Le comte de Montgommeri était d'abord sorti de France après la mort de Henri II, mais il y rentra pour se mettre à la tête d'une partie des rebelles : il fut pris à Domfront, et condamné à mort en 1574, pour avoir porté les armes contre la couronne.

« Je vis la royne mère qui estoit alors régente dire et jurer, dit Brantôme, que s'il se fust contenté et eust fait autre repentance qu'il n'avoit fait, et qu'il eust eu contrition de son coup malheureux, elle ne lui eust jamais fait mal ny bien, puisque le roy son seigneur et mari lui avoit pardonné ; mais fesant tels débordemens insolens et hostiles et bandé contre les roys ses enfans, il montroit estre aise de son coup et par ce digne de mort (1). »

______

(1) Histoire de France, page 338.

(2) Voyez Brantôme, Vie des Hommes Illustres français de son tems.

Centurie I, *Quatrain* 35 (1).

Le lyon jeune le vieux surmontera
En champ bellique par singulier duelle ,
Dans cage d'or les yeux lui crevera.

Nostradamus appelle Henri II *le lyon vieux* , et le comte de Montgommeri *le lyon jeune* , pour indiquer la valeur des combattans. Le roi étant plus âgé que le comte, *le jeune surmonta le vieux en champ bellique* , par un combat qui était un vrai duel ; et il le *surmonta* en lui crévant l'œil, *dans cage d'or* , qui était son casque doré.

« Prophétie à la vérité estrange, dit César Nostradamus , où pour la *cage d'or* , se voit le timbre royal despeint au vif, qui accorde merveilleusement bien avec ce qu'il en avoit dit en quelque autre endroit en ces termes courts et couverts , *l'orge estouffera le bon grain*. Car le nom de celui qui porta ce coup de lance tant malheureux y est exprimé (2). »

––––––––––––––––––––––

(1) Concordance des Prophéties de Nostradamus avec l'histoire, par Guynaud , Paris, 1693 , page 86 ; Eclaircissemens , page 386.

(2) Chronique de Provence , page 782.

La mort de ce prince avait été prédite à la reine Catherine de Médicis, et au roi lui-même, par un mathématicien qui avait composé en sa présence le thême de sa nativité (1).

Voici ce qui est rapporté à ce sujet dans la princesse de Clèves (2), « Le roi étant un jour chez la reine à l'heure du cercle, l'on parla des horoscopes et des prédictions. Les opinions étoient partagées sur la croyance que l'on y devoit donner. La reine y ajoutoit beaucoup de foi ; elle soutint qu'après tant de choses qui avoient été prédites, et que l'on avoit vu arriver, on ne pouvoit douter qu'il n'y eût quelque certitude dans cette science ; d'autres soutenoient que parmi ce nombre infini de prédictions, le peu qui se trouvoit véritables, faisoit bien voir que ce n'étoit qu'un effet du hasard.

« J'ai eu autrefois beaucoup de curiosité pour l'avenir, dit le roi, mais on m'a dit tant de choses fausses et si peu vraisemblables, que je suis demeuré convaincu que l'on ne peut rien savoir de véritable. Il y a quelques années qu'il vint ici un homme d'une grande réputation dans l'astrologie ; tout le monde l'alla voir, j'y allai comme

____

(1) Histoire de Henri II, par Varillas, tome II, page 282.
(2) Tome I, page 145.

les autres, mais sans lui dire qui j'étois, et je menai monsieur de Guise et Descars, je les fis passer les premiers ; l'astrologue néanmoins s'adressa d'abord à moi, comme s'il m'eût jugé le maître des autres ; peut-être qu'il me connaissoit : cependant il me dit une chose qui ne me convenoit pas s'il m'eût connu. Il me prédit que je serois tué en duel. Il dit ensuite à monsieur de Guise qu'il seroit tué par derrière, et à Descars qu'il auroit la tête cassée d'un coup de pied de cheval. M. de Guise s'offensa quasi de cette prédiction, comme si on l'eût accusé de devoir fuir. Descars ne fut guère plus satisfait de trouver qu'il devoit finir par un accident si malheureux. Enfin nous sortîmes tous trois mal contens de l'astrologue. Je ne sais ce qui arrivera à M. de Guise et à Descars, mais il n'y a guère d'apparence que je sois tué en duel. Nous venons de faire la paix, le roi d'Espagne et moi, et quand nous ne l'aurions pas faite, je doute que nous nous battions, et que je le fisse appeler comme le roi mon père fit appeler Charles-Quint (1). »

Voici un autre quatrain dans lequel la mort

---

(1) Voyez Brantôme, Vie des Hommes Illustres français de son tems.

du même prince est annoncée d'une manière, ce semble, encore, plus particulière :

Centurie III, *Quatrain* 41.

Bossu sera eslu par le conseil,
Plus hideux monstre en terre n'apperceu
Le coup voulant crevera l'œil,
Le traistre au roy pour fidele receu.

L'auteur de *la Clef des Prophéties de Nostradamus* remarque que l'oracle ne dit pas que ce coup creverait les *yeux*, mais seulement qu'il creverait l'*œil* : il montre aussi que le nom de Montgommeri était adroitement caché dans le premier mot du quatrain, « parce que, comme on dit d'un *bossu* qu'il porte un *mont* ou une montagne sur lui, par allusion ; de même le comte la portoit en son nom, et par-là il étoit bossu de nom, ou quant à son nom, puisqu'il se nommoit *Montgommeri*. »

Il s'attache à prouver que le *bossu* de Montgommeri, d'après Nostradamus, « étoit un traître au roi, quoique ce prince n'en voulût rien croire, et qu'après le coup porté, il le reçût encore pour fidèle. » Le mot *voulant* qui se trouve dans les premières éditions, et le second vers montrent qu'en effet l'auteur du qua-

train a prédit un crime volontaire, et non un ac‑
cident malheureux (1). Cette prédiction est par‑
faitement conforme au récit de Brantôme. On
verra dans la suite de cet ouvrage que le supplice
du comte de Montgommeri avait été également
annoncé par Nostradamus.

Mariage du duc de Savoie avec Marguerite de France, sœur de Henri II.

Henri II ayant survécu dix jours à la fatale
journée du premier juillet, fit célébrer dans sa
chambre le mariage du duc de Savoie avec sa
sœur Marguerite de France (2).

Centurie VI, Quatrain 71 (3).

Quand on viendra le grand roy parenter,
Avant qu'il ait du tout l'ame rendue :
On le verra bientost apparenter
D'aigles, lions, croix, couronne de ruë.

Nostradamus annonçait que le roi devait s'ap‑
parenter du duc de Savoie, désigné dans le qua‑
trième vers par le blason de ses armes. Les deux

---

(1) Clef des prophéties de Nostradamus, Paris, 1710, pages
12 et 401.

(2) Histoire de France, par Piguerre, page 356.

(3) Eclaircissemens, page 591.

premiers vers exprimaient, que ce mariage se ferait dans les derniers momens du roi, et presque
à l'instant où l'on viendrait le *parenter*, c'est-
à-dire, lui rendre les derniers devoirs (1).

RÈGNE DE FRANÇOIS II.

Gouvernement de Catherine de Médicis.

Catherine de Médicis gouverna le royaume
sous les règnes de François II, de Charles IX et
de Henri III.

CENTURIE VI, *Quatrain* 63 (2).

La dame seule au regne demeurée ,
L'unique esteinct premier au lict d'honneur,
Sept ans sera de douleur espleurée ,
Puis longue vie au règne par grand-heur.

L'unique esteinct au lict d'honneur. Henri II
est en effet l'*unique* roi de France qui ait été tué au
lit d'honneur, c'est-à-dire, blessé mortellement
dans un combat. *La dame seule au règne demeu-*

---

(1) *Parenter*, dérive du verbe latin *parentare*, qui signifie
rendre les derniers devoirs aux morts.
(2) Eclaircissemens, page 396. Concordance, page 92.

rée ; la reine Catherine de Médicis, après la mort de son époux fut *seule au règne*, car elle conservá toujours l'autorité. Le troisième vers exprime que la mort du roi causerait une grande affliction à la reine pendant sept ans ; aussi ne quitta-t-elle le deuil qu'en 1566, au retour d'un voyage qu'elle fit avec Charles IX son fils. *longue vie au règne par grand-heur* : ce qui signifie qu'elle aurait le bonheur de gouverner l'état longuement et jusqu'à sa mort, qui n'arriva que le 5 janvier 1589, trente ans après celle de son époux. Cette reine mourut âgée de soixante-dix ans, au commencement de l'année qui fut aussi celle de la mort de Henri III le dernier de ses fils, et de l'extinction de la maison des Valois.

Conjuration contre François II, la reine mère et les Guises. 1560

François II en montant sur le trône, trouva sa cour divisée en trois factions ; celle des princes du sang, Antoine de Bourbon, roi de Navarre, et son frère Louis, premier prince de Condé ; celle des Guises, oncles de la reine Marie Stuart, et enfin celle des Montmorenci dont le connétable était le chef.

La reine mère se déclara bientôt pour les Guises. Le connétable fut exilé, le roi de Na-

(46)

marre obligé de rester dans ses états „ le prince
de Condé son frère fut envoyé auprès de Philippe II , roi d'Espagne, tandisque le duc de Guise
et le cardinal de Lorraine furent mis à la tête
du gouvernement.

La fameuse conjuration d'Amboise fut principalement dirigée contre eux : elle éclata en 1560.
Un gentilhomme nommé la Renaudie entièrement
dévoué au prince de Condé, en était le chef. Les
conjurés devaient se rendre à Amboise où était
la cour , enlever le roi et les Guises , et mettre
toute l'autorité du ministère entre les mains du
prince de Condé. Le secret de la conspiration
fut heureusement découvert; aussi-tôt le duc de
Guise est fait lieutenant-général du royaume;
il prend ses mesures pour laisser éclater le complot, et pour en prévenir l'exécution.

Au jour marqué, les rebelles arrivent; ils
étaient attendus ; ils furent défaits. Plusieurs
périrent avec la Renaudie les armes à la main.
On exécuta sur-le-champ la plupart de ceux qui
furent pris. Le corps de la Renaudie porté à
Amboise, y demeura pendu l'espace de vingt-
quatre heures avec un écrit indiquant que c'était
*la Renaudie capitaine des rebelles, chef et
auteur de la sédition*; après quoi il fut écartelé
le 15 mars.

CENTURIE I, *Quatrain* 13 (1).

Les exilés par ire, haine intestine,
Feront au roy grande conjuration :
Secret mettront ennemis par la mine,
Et ses vieux siens contre eux sédition.

Le premier vers exprime le mécontentement, la haine et la dissimulation des exilés, auteurs de la conjuration indiquée par le second vers : *secret mettront ennemis par la mine*, ce qui signifie que les conjurés enverraient des gens armés qui feraient semblant de n'en vouloir qu'aux ennemis de la cour et des Guises : *et ses vieux siens contre eux sédition :* c'est-à-dire, que les vieux serviteurs du roi se souleveraient contre ces traîtres et les extermineraient.

Mort de François II, et avènement de Charles IX.

Le roi François II mourut le 5 décembre 1560, âgé d'environ quinze ans, et eut pour successeur Charles IX son frère.

---

(1) Janus Gallicus, Lyon, 1594, page 68. Eclaircissemens, page 399. Concordance, page 93.

CENTURIE I, *Quatrain* 4 (1).

Par l'univers sera fait un monarque,
Qu'en paix et vie ne sera longuement:
Lors se perdra la piscature barque,
Sera regie en plus grand détriment.

Ce quatrain a été appliqué à François II. Ce prince est en effet désigné dans les deux premiers vers, puisqu'il mourut à l'âge de 15 ans, après un règne de dix-sept mois, le plus court que la France ait eu depuis la publication de cette prophétie. Pendant ces dix-sept mois, le royaume fût sans cesse agité par les ennemis des Guises: les calvinistes contenus sous Henri II, commencèrent à se révolter contre l'autorité royale, et causèrent les plus grands maux à l'église romaine. C'est ce qu'annonçait Nostradamus par les deux derniers vers, où il la désignait par la *piscature barque*, voulant faire allusion à St.-Pierre chef de cette église, choisi par Jésus-Christ parmi des pêcheurs.

CENTURIE X, *Quatrain* 39 (2).

Premier fils vefve, malheureux mariage,
Sans nuls enfans, deux isles en discord,

(1) Concordance, page 102.
(2) *Idem*, page 101.

Avant dix-huit incompétent aage,
De l'autre prés plus bas sera l'accord.

Ce quatrain est fort aisé à expliquer.

François II était l'aîné et le premier fils de France : il avait épousé Marie Stuart, reine d'Ecosse, qu'il laissa veuve et sans enfans ; toutes ces particularités sont exprimées par ces mots : *premier fils, vefve, malheureux mariage, sans nuls enfans.* Nostradamus prédisait en même tems la discorde que la mort du roi causerait entre la reine d'Angleterre et celle d'Ecosse, par la fin du second vers : *deux isles en discord.* Les deux derniers signifient que Charles IX son frère lui succéderait, et que son mariage serait *accordé,* c'est-à-dire, *conclu* avant l'âge de dix-huit ans ; ce qui arriva en effet par la promesse qu'on lui fit d'Elizabeth d'Autriche, dont le mariage ne fut célébré qu'en 1570, le roi ayant alors vingt ans.

Elizabeth était fille de l'empereur Maximilien II, et de Marie d'Autriche, fille de l'empereur Charles-Quint. La sagesse de Maximilien et la piété de Marie d'Autriche son épouse, étaient des garans de la vertueuse éducation d'Elizabeth ; aussi la France n'a-t-elle jamais eu de reine plus digne du trône. Charles IX ne pouvait s'empêcher de dire, en parlant d'elle, « qu'il pouvoit se flatter d'avoir une épousé aimable, la femme la plus sage et la plus vertueuse, non pas de la France ni de l'Europe, mais du monde entier. » « Nous avons eu, dit Brantôme, notre royne de France Donna Isabel d'Autriche, qui fut mariée au roy Charles IX, laquelle nous pouvons dire avoir esté une des meilleures, des plus sages, et des plus vertueuses roynes qui regna depuis le règne de tous les roys et roynes qui ayent jamais régné (1). »

RÉGNE DE CHARLES IX.

Troubles sous Charles IX.

1562   CENTURIE IX, *Quatrain* 52 (2).

La paix s'approche d'un côté, et la guerre,
Oncques ne fut la poursuite si grande ;
Plaindre homme, femme, sang innocent par terre ;
Et ce sera de France à toute bande.

Ce quatrain est un de ceux adressés à Henri II, au mois de juin 1558. Nostradamus

---

(1) Vie des Dames galantes.
(2) Janus Gallicus, page 58 et 92. Eclaircissemens, page 378. Concordance, page 103.

annonçait que la paix s'approchait d'un côté , et elle fut conclue en effet le 3 avril 1559 ; mais d'un autre côté la guerre s'approchait aussi , et par cette guerre, l'auteur désignait les agitations et les troubles qui commencèrent immédiatement après la mort de Henri II , et prirent le véritable caractère de la guerre civile sous Charles IX, dès l'an 1562. *Oncques ne fut la poursuite si grande*, c'est-à-dire, qu'il n'y eut jamais en France de guerre civile plus cruelle, ni une si grande *poursuite* de paix, puisqu'on faisait fréquemment des traités qui étaient à peine conclus, que les hostilités recommençaient avec une nouvelle fureur. *Plaindre homme , femme , sang innocent par terre ;* ce troisième vers et le suivant expriment parfaitement l'état de la France à cette époque : on n'entendait en effet que les plaintes des calvinistes contre les catholiques et des catholiques contre les calvinistes ; le sang des deux partis était répandu dans tout le royaume avec une égale abondance , et l'on ne rencontrait par-tout que des *bandes*, c'est-à-dire, des troupes qui ne cherchaient que les occasions de nuire à ceux qui n'étaient pas de leur parti.

Edit de pacification.

Le roi voulant faire cesser les troubles et les

meurtres qui désolaient son royaume, fit publier un édit de pacification portant défenses aux différens partis d'en venir à aucunes voies de fait, sous peine de la vie. Il les obligea à mettre bas les armes ; et la paix ayant été solemnellement jurée de part et d'autre, le roi licencia une partie de ses troupes ; mais ne tarda pas à en avoir encore besoin.

CENTURIE IV, Quatrain 22 (1).

La grand copie qui sera déchassée
Dans un moment fera besoing au roy,
La foi promise de loing sera faulsée,
Nud se verra en piteux desarroy.

La grand copie, c'est-à-dire, la grande armée *qui sera déchassée*, pour licenciée, *dans un moment fera besoing au roy ; la foi promise de loing sera faulsée* ; en effet les protestans, peu de jours après l'édit de pacification, égorgèrent un grand nombre de catholiques (2) ; *nud se verra en piteux desarroy*, c'est-à-dire, que le roi s'étant dépouillé d'une partie de ses

---

(1) Concordance, page 165.
(2) Janus Gallicus, page 180 : « Les protestans se ruerent sur les catholiques, lorsqu'il n'y avoit aucun défi de guerre.

forces se verrait dans la nécessité de suivre la loi que les rebelles voudraient lui donner.

Massacre de la Saint Barthelemy. 1572

Le massacre de la Saint Barthelemy fut principalement résolu à l'instigation du duc de Guise et de ses partisans, dans un conseil tenu à Blois et dans la même chambre où ce duc fut lui-même assassiné seize ans après. Depuis, restant encore quelques difficultés, il se tint à ce sujet, à Saint-Cloud, un autre conseil, auquel le duc d'Anjou présida. Ce prince ayant ensuite été roi sous le nom de Henri III, fut assassiné dans le même lieu.

On a prétendu que le dessein de Catherine de Médicis et de son conseiller intime, le comte de Retz était différent, et allait bien plus loin que celui des Guises; qu'elle avait pensé qu'en faisant assassiner l'amiral, les Montmorenci accourraient pour venger ce meurtre, et qu'ils se jetteraient sur les Guises, les soupçonnant d'en être les auteurs: on ajoute que cette princesse avait formé le projet de laisser entre-battre ces deux partis jusqu'à ce que leurs forces fussent affaiblies de part et d'autre; qu'alors le roi sortirait du Louvre à la tête de ses gardes, et qu'ayant exterminé tous les séditieux, il deviendrait ainsi maître absolu.

Quoi qu'il en soit, *Morevel*, qui avait déja assassiné le seigneur de Mouy, fût employé pour se défaire de l'amiral ; il se porta à cet effet le vendredi 22 août au cloître St. Germain-l'Auxerrois dans une chambre basse, dont la fenêtre donnait sur la rue des Fossés-St.-Germain, et au moment où l'amiral venant du Louvre à pied retournait chez lui rue Béthisy, il lui tira un coup d'arquebuse, et le blessa à la main droite et au bras gauche. *Morevel* s'enfuit aussitôt par l'autre porte du cloître, sur un cheval qui lui fut donné par un des gens du duc de Guise.

L'amiral, sans témoigner beaucoup d'émotion, se retira chez lui, et personne ne courut aux armes. Le roi de Navarre et le prince de Condé allèrent seulement supplier le roi de leur permettre de sortir de Paris pour leur sûreté ; mais le roi, ainsi que la reine-mère, calmèrent leurs craintes, et les engagèrent à venir habiter le Louvre avec les plus braves de leurs gens pour les servir en cas de besoin.

Les amis de l'amiral tinrent plusieurs conseils chez lui, et voulurent l'engager à sortir de Paris avant que la populace fût armée ; mais sa répugnance et les remontrances de Teligny, son gendre , l'empêchèrent d'écouter ces salutaires avis, malgré les instances du vidame de Chartres, Jean de la Ferrière.

Le roi ayant été informé des avis donnés à l'amiral, assembla son conseil dans le cabinet de la reine-mère. Le duc d'Anjou, le duc de Nevers, le bâtard d'Angoulême, le garde des sceaux Birague, les comtes de Tavanes et de Retz s'y trouvèrent. Là, ayant été considéré que, si l'amiral échappait on retomberait dans de plus grands embarras que jamais, Tavanes, son ennemi particulier, parla si fortement, qu'il fut conclu qu'on se déferait de lui et de tous ceux de son parti, à l'exception seulement du roi de Navarre et du prince de Condé. L'ordre fut donné au duc de Guise d'exécuter cette résolution la nuit suivante.

Le duc mande en conséquence les capitaines suisses des cinq petits cantons et quelques-uns des compagnies françaises, leur ordonne de mettre leurs soldats sous les armes, fait également armer les bourgeois, et donne pour signal des massacres le tocsin de la grosse cloche du palais, qui ne servait ordinairement qu'aux grandes réjouissances.

« Les ordres donnés, dit Mézeray (1), il re-

----

(1) Edition in-12, tome VI, page 262.

tourne au Louvre, où la reine-mère, le duc d'Anjou, Nevers, Retz et Bîrague employoient leurs derniers efforts à déterminer l'esprit du roi ; car plus il s'approchoit du moment de l'exécution, plus il sentoit le trouble dans son ame ; de sorte qu'il en avoit la sueur au front, et une émotion pareille à celle que cause la fièvre. Ils eurent bien de la peine à arracher de lui un consentement bien précis ; mais sitôt qu'ils l'eurent obtenu, la reine-mère hâta le signal de plus d'une heure, et le fit donner par la cloche de St. Germain-l'Auxerrois. Lorsqu'il l'entendit et quelques coups de pistolets qui se tirèrent en même tems, il en fut tellement ému qu'il envoya ordre qu'on eût à surséoir encore un peu ; mais on lui rapporta que l'on en étoit trop avant ; et en effet, déja le duc de Guise avoit fait massacrer l'admiral et Teligny, son gendre, dans leurs logis, et les meurtriers déchaînés couroient par toutes les maisons, brisoient les portes et remplissoient tout de sang et de carnage. »

Ces massacres, qui ont été quelquefois désignés sous le nom de *Matines de Paris*, durèrent sept jours entiers, à commencer du dimanche matin 24 août, jour de St. Barthelemy. Il périt pendant ce tems près de cinq mille personnes. Quelques historiens portent le

nombre des morts à plus de dix mille. On n'é-
pargna ni les vieillards, ni les enfans, ni les
femmes enceintes; les uns furent poignardés, les
autres passés au fil de l'épée; un grand nombre
fut tué à coups de hallebarde, d'arquebuse ou de
pistolet; il y en eut plusieurs de précipités par
les fenêtres; quelques-uns furent traînés dans
l'eau, et d'autres assommés.

Ceux qui étaient logés dans le Louvre ne
furent pas épargnés; on les égorgea tous les
uns après les autres.

Le corps de l'amiral fut jeté par la fenêtre; la
populace, après l'avoir mutilé, le traîna pendant trois jours dans la boue, puis sur le bord de
la rivière, et enfin à Montfaucon. Là elle le pen-
dit par les pieds avec une chaîne de fer, et le fit
à demi-griller. Le maréchal de Montmorenci
profita d'une nuit fort obscure pour le faire
transporter dans la chapelle de Chantilly.

Les Guises craignant avec raison que les massacres leur fussent un jour imputés, obligèrent
le roi à tenir un lit de justice au parlement, et à
y déclarer que tout s'était fait par son ordre:
après ce lit de justice, tenu le mardi 26 août,
le parlement forma une chambre qui fit le procès
à l'amiral et à ses complices.

PRÉSAGE IIIe.

Le gros airain qui les heures ordonne
Sur le trépas du tyran cassera :
Pleurs, plaintes et cris : eaux, glace, pain ne donne,
V. S. C. paix l'armée passera.

Le gros airain qui les heures ordonne, sur le trépas du tyran cassera : pleurs plaintes et cris. « J'ai toujours eu soupçon, dit Chavigny dans son Janus Gallicus (1), que ces deux vers et demy s'entendoyent de la mort de l'admiral qu'il (Nostradamus) appele tyran, et du signal qui fut donné à la populace d'achever le reste par la ville, par la grosse cloche du palais qui battoit sans cesse. »

Le signal des massacres fut en effet donné par les cloches de St. Germain-l'Auxerrois et du palais. *Sur le trépas du tyran cassera,* est une façon de parler hyperbolique dont s'est servi Nostradamus pour exprimer que les cloches sonneraient fort longtems le jour de la St. Barthelemy. *Pleurs plaintes et cris,* ces trois mots dénotent assez qu'il s'agit dans le quatrain des meurtres qui causèrent ce jour-là tant de pleurs, de

____

(1) Page 206.

plaintes et de cris. *Eaux, glace, pain ne donne;*
je dirai, avec Guynaud (1), que la fin de ce
troisième vers signifie, sans doute, que pendant
l'hiver de la même année 1572, la Seine fut si
longtems gelée, que les bleds et autres denrées
arrivaient difficilement à Paris. Quant au quatrième vers, *V. S. C. paix, l'armée passera:*
il signifie, que la France serait alors en *paix*
avec Philippe II, successeur de Charles V, que
Nostradamus désigne par les trois lettres S.C.V.,
dont les deux premières commencent les mots de
successeur et de *Charles*, et la troisième, exprime
en chiffre romain le nombre *cinq*; en sorte que
ces trois lettres ensemble et le mot *paix*, signifient qu'à cette époque, la France serait en paix
avec le successeur de Charles V, c'est-à-dire,
avec Philippe II. *L'armée passera* pour *périra*,
ce qui arriva en effet au siège de la Rochelle, où
l'on perdit plus de vingt mille hommes inutilement.

CENTURIE IX, *Quatrain 47 (2).*

Le noir farouche quand aura essayé
Sa main sanguine par feu, fer, arcs tendus ;

---

(1) Concordance, page 111.
(2) Janus Gallicus, page 210. Concordance, page 112.

Tretout le peuple sera tant effrayé ,
Voir les plus grans par col et pieds pendus.

Nostradamus annonce encore dans ce quatrain
diverses circonstances arrivées lors de la St. Barthelemy. Il y désigne l'amiral par ces mots, *le
noir farouche*, parce qu'il avait l'extérieur et
l'abord rude : *quand aura essayé sa main sanguine par feu, fer, arcs tendus*, c'est-à-dire,
qu'après qu'il aurait fait beaucoup de mal au parti
qui lui était opposé, il arriverait, suivant les
deux derniers vers, que le peuple serait un jour
effrayé par le carnage de la St. Barthelemy , et
surtout de voir les plus grands personnages de
l'état pendus par le col et par les pieds.

César Nostradamus raconte, « qu'à Angoulême
un frère Michel Grellet, gardien des frères mi-
neurs, custode de Xaintes, homme de louable
vie et de sçavoir, estant porté sur l'eschelle d'une
potence pour de là monter au ciel, prophétisa à
l'admiral, le genre de mort qui luy arriva , en
effet. M. l'admiral , lui dit-il, vous me voyez
par vôtre ordonnance sur le point de finir mes
jours : mais souvenez-vous de ce que je vous
prédi ; c'est qu'il vous adviendra ce qui advint
à la royne Jesabel, meurtrière des prophêtes de
Dieu : d'autant que dans peu de temps vous serez

jetté par une fenestre, et traité fort ignominieu-
sement (1). »

*Aubepin qui fleurit le lendemain de la St.
Barthélemy ; siége de la Rochelle, et maladie du roi Charles IX.*

Plusieurs historiens français assurent qu'un
aubepin du cimetière St. Innocent, à demi-sec,
dépouillé de verdure depuis longtems, fleurit
subitement le jour de la St. Barthelemy. Ce fait
parut si extraordinaire, que la foule se porta sur
les lieux pour s'assurer de la vérité ; le roi y fut
aussi, et fit même visiter l'arbre, *où ne se
trouva*, dit Piguerre, *aucun signe d'artifice
ni tromperie (2).*

Peu de tems après, le siège de la Rochelle fut 1573
entrepris et confié au duc d'Anjou. Le roi
Charles IX était alors attaqué de la maladie
chronique, dont il mourut l'année suivante.

Centurie III , *Quatrain* 91 (3).

L'arbre qu'estoit par longtemps mort séché,
Dans une nuict viendra à reverdir.

---

(1) Chronique de Provence, page 809.
(2) Histoire de France, page 769.
(3) Janus Gallicus, pages 210 et 216. Concordance, page 115.

Cron, roy malade, prince pied estaché
Craint d'ennemis fera voile bondir.

Chavigny prétend que l'arbre dont il est question au premier vers de ce quatrain, ne fleurit qu'au mois de septembre 1572; il n'est pas d'accord sur ce point avec les historiens, qui veulent que ce phénomène soit arrivé le 25 août. Quelle que soit l'époque précise où cet aubepin ait fleuri, peu importe : il n'est pas moins constant que cet événement a été prédit par Nostradamus. Les deux derniers vers expriment jusqu'aux circonstances qui devaient accompagner la floraison de l'arbre dont il s'agit dans les deux premiers vers. *Cron.* abrégé de chronique, signifie que le roi serait attaqué d'une maladie chronique. *Prince pied estaché fera voiles bondir,* c'est-à-dire, que le duc d'Anjou s'attacherait, comme il fit à cette époque, aux *pieds* des murailles de la Rochelle, et que le roi serait obligé d'équiper une flotte pour se mettre en état de résister à ses ennemis.

Le duc d'Anjou, depuis Henri III, élu roi de Pologne.

Pendant que le duc d'Anjou était occupé au siège de la Rochelle, il apprit qu'il venait d'être élu roi de Pologne par les soins de Jean de Montluc, évêque de Valence. Avant de partir, il demanda au parlement des lettres de naturalité pour conserver ses droits sur la couronne de France.

CENTURIE II, *Quatrain* 11 (1).

Le prochain fils de l'anier parviendra
Tant eslevé jusqu'au resgne des fors,
Son aspre gloire un chacun la craindra :
Mais ses enfans du regne jettez hors.

Cette prophétie a été écrite sous le règne de Henri II, et Nostradamus désigne dans le premier vers un fils de ce monarque, par le mot l'*Anicr*, dont les lettres forment le mot provençal l'*Anric*, qui signifie l'*Henri*. Le second vers annonçait que ce fils du roi Henri II serait élevé au trône de Pologne.

Voici comment Chavigni a traduit ce quatrain en latin :

Proximus Henrici natusque et tertius hæres,
Alta Polonorum delectus sceptra tenebit,
Hujus erit cunctis invisa superbia Gallis.
Mascula sed proles regno pelletur avito.

---

(1) Janus Gallicus, page 215. Concordance, page 117.

Le troisième vers dépeignait la rudesse de caractère de ce prince, et le quatrième prophétisait qu'après sa mort la couronne de France passerait dans une autre famille. Cette dernière partie de la prophétie a été accomplie en 1589, par l'avènement de Henri de Bourbon, roi de Navarre, qui a succédé à Henri III, sous le nom de Henri IV.

RÉGNE DE HENRI III.

Henri III quitte le trône de Pologne.

1574 Henri III n'eut pas plutôt appris la mort du roi Charles IX son frère, qu'il s'empressa de quitter la Pologne ; mais, craignant que le sénat ne vînt à s'opposer à son départ, il s'échappa secrètement, comme un prisonnier se serait évadé de son cachot. Les Polonais lui envoyèrent le comte de Tanchin, son grand-chambellan, pour le prier, au nom de tout le royaume, de ne pas abandonner des sujets qui s'étaient donnés volontairement à lui. Mais ces instances n'ayant pu faire changer le roi de résolution, le sénat de Pologne le déclara déchu de la royauté. Henri parut s'en inquiéter fort peu ; le trône où il montait le dédommageait assez de celui dont il était descendu.

Ce prince fut sacré à Rheims, le 13 février 1575, par Louis, cardinal de Guise, le même jour de l'an révolu de son sacre en Pologne. « Quand on lui mit la couronne sur la tête, il dit, assez haut, qu'elle le blessoit ; elle lui roula deux fois de la tête, comme si elle eût voulu tomber : ce qui fut remarqué et interprété à mauvais présage (1). »

Centurie VII, *Quatrain* 35 (2).

La grande poche viendra plaindre pleurer
D'avoir eslu : trompez seront en l'aage.
Guiere avec eux ne voudra demeurer,
Deceu sera par ceux de son langage.

Les deux premiers vers et le commencement du second annonçaient les regrets qu'auraient les Polonais d'avoir élu le duc d'Anjou pour leur roi. *Trompés seront en l'aage :* lors de l'élection, on leur persuada qu'il était plus âgé, et par conséquent plus capable de les bien gouverner ; cependant il n'avait alors que vingt-trois ans. *Guiere avec eux ne voudra demeurer :* il arriva en Po-

----

(1) Journal de Henri III.
(2) Janus Gallicus, page 224. Concordance, page 119.

logne au mois de décembre 1573, et retourna en France au mois de juin suivant. *Deceu sera par ceux de son langage :* le duc d'Anjou ne pouvait se résoudre à quitter la France, et il n'accepta la couronne de Pologne que d'après les instances du roi Charles IX son frère, et de la reine Catherine de Médicis, sa mère. Cette princesse lui laissa même l'espérance d'un prompt retour.

Arrestation du comte de Montgommeri.

Nous avons déja vu qu'après la mort de Henri II, le comte de Montgommeri avait quitté la France, et qu'y étant rentré pour se mettre à la tête d'une partie des rebelles, il fut arrêté à Domfront le 27 mai 1574, et condamné à perdre la vie.

Cet évènement se trouve annoncé dans le quatrain suivant, avec toutes les circonstances qui l'ont accompagné.

CENTURIE III, *Quatrain* 30 (1).

Celui qu'eu luitte et fer an faict bellique
Aura porté plus grand que lui le pris :
De nuict au lict six lui feront la pique,
Nud sans harnois subit sera surpris.

-----

(1) Janus Gallicus, page 221. Concordance, page 121.

D'après ce qui a été dit du comte de Mont-gommeri au sujet de la mort de Henri II, on n'aura pas de peine à reconnaître que c'est lui que Nostradamus a voulu désigner dans les deux premiers vers de ce quatrain. Les deux derniers indiquent les circonstances de l'arrestation du comte, qui fut pris de nuit par six personnes, dans son lit, à Domfront, *nud*, c'est-à-dire, en chemise, *sans harnois*, sans armes.

Voici la traduction de ce quatrain par Cha-vigni.

Qui se majorem certamine vincet equestri,
Et sparget ludens horrendi semina belli,
Sex numero somno mersum de nocte profundâ
Offendent, capientque manu promptissimâ inermem.

Correction du calendrier par le pape Grégoire XIII.

Le *calendrier romain*, appelé aussi *calendrier Julien*, du nom de Jules César son réformateur, est disposé en périodes de quatre années. Les trois premières années, qu'on appelle communes, ont 365 jours, et la quatrième, nommée bissextile, en a 366, à cause de six heures qui restent sur chaque année, et qui, dans l'espace de quatre ans, composent un jour; il s'en faut à la vérité de quelque chose; aussi, après un intervalle de

134 ans, il devient nécessaire de retrancher un jour. Ce fut pour cette raison que le pape Grégoire XIII, suivant les conseils de Clavius et de Ciaconius, ordonna que la centième année de chaque siècle ne serait point bissextile, excepté celle du quatrième siècle ; c'est-à-dire, qu'on ferait une soustraction de trois jours bissextiles dans l'espace de quatre siècles, à cause des onze minutes qui manquent dans les six heures dont la bissextile est composée.

Ce souverain pontife voulant rétablir l'équinoxe dans sa vraie place, c'est-à-dire, au 21 mars, conformément au décret du concile de Nicée, tenu en 325, retrancha dix jours du mois d'octobre de l'an 1582, et ordonna que le lendemain du 4 de ce même mois d'octobre, l'on compterait immédiatement quinze.

Cette réforme fut exécutée en France par le retranchement de dix jours du 15 au 25 décembre suivant.

Le calendrier ainsi réformé est connu sous le nom de calendrier grégorien.

Centurie I, *Quatrain* 42 (1).

Le dix calende d'avril de faict gotique ,
Résuscité encor par gens malins ,

---

(1) Clef des Prophéties de Nostradamus , page 460.

Le feu esteinct, assemblée diabolique
Cherchant les os du damand et Pielin.

Je ne chercherai point à expliquer ce quatrain, qui a été appliqué par l'auteur de la *Clef des Prophéties de Nostradamus* à un évènement postérieur au règne de Henri III ; mais la manière dont l'époque de cet évènement était indiquée est elle-même une véritable prophétie de la correction du calendrier *Julien*, arrivée seize ans après la mort de Nostradamus.

Le dix calende d'avril de faict gotique : il devait donc y avoir un vieux ou *gotique style* et un nouveau, sans quoi l'auteur ne se serait pas servi de ces mots, *de faict gotique.*

Le dix des calendes d'avril étant toujours le 23 mars, il faudrait aujourd'hui, pour avoir la date précise du dix des calendes d'avril vieux style, ajouter les douze jours qui se trouvent retranchés par l'effet de la correction, et par-là le 23 mars vieux style deviendrait le 4 d'avril, ou la veille des nones d'avril, nouveau style (1).

---

(1) Pour trouver le jour des calendes qui répond à chaque jour du mois où l'on est, il faut voir d'abord combien il reste encore de jours du mois, et ajouter deux à ce nombre : supposons, par exemple, que l'on soit au 23 mars, ce mois étant de 31 jours, il reste huit jours ; à quoi, en ajoutant deux, on aura le nombre de dix ; et ce jour est en effet le dixième des calendes

Assassinat du duc de Guise.

1588 Après la fameuse journée des barricades, où les troupes du roi furent forcées par les factieux, Henri III quitta Paris, et convoqua les états à Blois.

Les demandes insolentes des députés aux états, et l'audace du duc de Guise parvenue à son comble, déterminèrent enfin le roi à se défaire de ce prince, qui était devenu trop puissant pour qu'on pût lui donner des juges. « Ce n'était point une terreur panique, dit le président Hénault (1), que la crainte des entreprises qu'il pouvoit former ; il se trouvoit dans des circonstances pareilles à celles dont Pépin profita. Henri III ne ressembloit pas mal aux derniers rois de la première race, et le prétexte de la religion eût fort bien pu susciter quelque pape de l'humeur de Zacharie. »

Henri proposa au brave Crillon de se charger d'assassiner le duc. Crillon répondit qu'il promettait de le tuer dans un combat singulier, mais que l'office de bourreau ne lui convenait pas.

---

d'avril, les calendes se comptant en rétrogradant jusqu'au jour des calendes qui arrive toujours le premier du mois.

(2) Page 373 de l'édit. in-4°. de 1749.

Les meurtriers furent choisis parmi les gardes appelés les Quarante-Cinq : le duc de Guise fut massacré le 23 décembre, et le cardinal de Guise, son frère le lendemain.

CENTURIE IV, *Quatrain* 87 (1).

Uu fils de roy tant de langues apprins
A son aisné au regne différent,
Fera périr principal adhérent.

Catherine de Médicis avait fait apprendre plusieurs langues à ses enfans, et principalement à Henri III qu'elle affectionnait particulièrement ; c'est pourquoi Nostradamus le désigne par ces mots : *un fils de roy tant de langues apprins.* Le second vers annonçait que le prince désigné succéderait à son *frère*, et qu'il aurait des manières et des inclinations toutes différentes ; ce qui convient encore à Henri III, et ne peut être appliqué à aucun de ses successeurs. *Fera périr principal adhérent ;* c'est-à-dire, son plus grand ennemi, celui qu'il devait le plus redouter, et qui était le moteur et l'instigateur de tous les troubles du royaume.

____

(1) Concordance, page 129. Janus Gallicus, page 253.

Circonstances relatives à l'assassinat du duc de Guise.

La reine-mère désapprouva les projets de son fils contre les Guises, et cherchant à réconcilier ces princes avec le roi, elle fit venir le duc à Chartres où était Henri III, avant la tenue des états de Blois. Le duc y donna des assurances de sa fidélité et reçut toutes les marques qu'il pouvait souhaiter de l'affection du roi, qui le fit grand maître de la gendarmerie française.

Après la mort du duc et du cardinal de Guise, le duc de Mayenne leur troisième frère fut déclaré, par les ligueurs, lieutenant-général de l'état et couronne de France, comme si le trône eût été vacant. La Bourgogne, la Champagne, Orléans, et divers autres lieux se soulevèrent et reconnurent son autorité.

Centurie I, *Quatrain* 85 (1).

Par la response de dame roy troublé,
Ambassadeurs mespriseront leur vie,
Le grand ses frères contrefera doublé
Par deux mourront, ire, haine, envie.

------

(1) Janus Gallicus, page 256. Concordance, page 132.

Le premier vers exprime le trouble du roi lorsque la reine sa mère blâma le projet qu'il avait conçu de se défaire du duc de Guise ; le second est relatif aux remontrances des envoyés de la ville de Paris, et des députés aux états de Blois ; le troisième annonçait que le duc de Mayenne succéderait à ses frères dans la direction des affaires de la ligue, et le quatrième prédisait que la colère, la haine et l'envie feraient résoudre non-seulement la mort du duc de Guise, mais encore celle du cardinal son frère : *deux mourront.*

CENTURIE III, *Quatrain 51* (1).

Paris conjurre un grand meurtre commettre ;
Blois le fera sortir en plein effect :
Ceux d'Orléans voudront leur chef remettre,
Angers, Troyes, Langres, leur feront un meffait.

Les deux premiers vers de ce quatrain annonçaient que ce meurtre serait projeté à Paris, et effectué à Blois : les deux derniers vers indiquaient les principales villes qui se révolteraient à cette occasion.

---

(2) Janus Gallicus, page 252. Concordance, page 132.

1589

Centurie I, *Quatrain* 36 (1).

Tard le monarque se viendra repentir,
De n'avoir mis à mort son adversaire,
Mais viendra bien à plus hault consentir,
Que tout son sang par mort fera deffaire.

Les deux premiers vers prédisaient les regrets qu'aurait Henri III de n'avoir pas fait périr le duc de Mayenne avec ses deux frères ; le mot *tard* exprime que ce prince ne voudrait pas d'abord se défaire de ce duc, parce qu'il ne le croirait pas aussi redoutable que ses deux frères. Mais lorsqu'il le vit à la tête des ligueurs qui allèrent jusqu'à lui offrir le titre de roi, Henri III forma le dessein de le faire mourir lui et tout ce qui restait de sa famille (2). C'est ce qui est exprimé par les deux derniers vers.

Mort de Henri III.

Un jeune dominicain nommé Jacques Clément, fanatique fougueux, veut délivrer le royaume d'un tyran, (c'est ainsi que les ligueurs nom-

---

(1) Janus Gallicus, page 264. Concordance, page 135.

(2) Il est vraisemblable que telle était l'intention d'icelui d'extirper toute la maison de Lorraine. Janus Gallicus, *ibid.*

maient Henri III). Bourgoin, son prieur, le confirma dans sa résolution ; on a cru même que les chefs de la ligue, et la duchesse de Montpensier, sœur des Guises en furent les instigateurs. Clément se rend à St.-Cloud le premier août, se fait présenter au roi, sous prétexte d'avoir des choses essentielles à lui dire, et avec tout le sang froid d'un scélérat, lui plonge un couteau dans le ventre. Ce moine fut tué sur-le-champ par les gardes du roi. Henri III mourut le lendemain, et déclara, avant de mourir, Henri, roi de Navarre, son successeur.

Centurie IX, *Quatrain* 56. (1).

Un grand roy prins entre les mains d'un jeune,
Non loin de Pasques. Confusion, coup cultre.

Jacques Clément n'avait que vingt-deux ans lorsqu'il assassina Henri III ; sa jeunesse est indiquée dans le premier vers. Le dessein qu'il exécuta le premier août avait sans doute été conçu avec les chefs de la ligue dès les fêtes de Pâques. Nostradamus prédit jusqu'à l'instrument du meurtre par ce mot *cultre* qui vient du latin *cultrum* et signifie *couteau.*

---

(1) Janus Gallicus, page 274.

Voici comment Edme Chavigny rend ces deux vers en latin :

Aggrediens juvenis non longè à paschate regem
Confodiet cultro. Confusio magna sequetur.

On connaît les troubles et la confusion qui suivirent la mort de ce prince.

RÈGNE DE HENRI IV.

Avènement du roi de Navarre à la couronne de France.

Le roi de Navarre ayant été averti de l'assassinat de Henri III, et du danger où il était, se rendit auprès de lui accompagné de vingt-cinq à trente gentilshommes. Etant arrivé un peu avant qu'il expirât, il se mit à genoux pour lui baiser les mains, et reçut ses derniers embrassemens. Le roi le nomma plusieurs fois son bon frère, et son légitime successeur; lui recommanda le royaume, exhorta les seigneurs qui étaient présens, à le reconnaître et à ne se point désunir. Enfin, après l'avoir conjuré d'embrasser la religion catholique, il expira, laissant toute

son armée dans un étonnement et dans une
confusion qui ne se peuvent exprimer.

Quoique le roi de Navarre ne fût parent de
Henri III qu'au vingt-cinquième degré, les lois
lui assuraient la couronne comme héritier légitime du dernier roi. Il était fils d'Antoine de
Bourbon, *duc de Vendôme* et roi de Navarre,
et de Jeanne d'Albret, qui était héritière de ce
royaume. Antoine descendait en ligne directe et
masculine de Robert, comte de Clermont, cinquième fils de St. Louis. Ce Robert épousa
Béatrix, fille et héritière de Jean de Bourgogne,
baron de Bourbon par sa femme Agnès, à cause
de quoi Robert prit le nom de Bourbon, en gar-
dant cependant les armes de France.

Henri IV fut reconnu roi par la plus grande
partie des seigneurs, soit catholiques, soit protestans, qui se trouvèrent alors à la cour, tels
que le prince de Conti, le duc de Montpensier,
les maréchaux de Biron et d'Aumont, Sanci, le
duc de Longueville, la Force, Givri, Hu-
mières, etc. Vitri se retira, ainsi que le duc
d'Epernon, que le roi n'aimait pas, et qui avait
trouvé mauvais que les maréchaux d'Aumont et
de Biron prissent rang devant lui ; ce dernier
emmena un corps de troupes considérable.

Mais ce ne fut qu'en 1595 que Henri devint

paisible possesseur de tout son royaume, dont il fut obligé de faire la conquête.

Nous citerons cinq prophéties sur l'avènement de Henri IV, qui est un des faits les plus solemnellement prédits par Nostradamus.

CENTURIE IV, *Quatrain* 14 (1).

La mort subite du premier personnage
Aura changé et mis un autre au règne :
Tôt, tard venu à si haut et bas âge,
Que terre et mer faudra qu'on le craigne.

Les deux premiers vers annonçaient que par la mort subite d'un roi *le règne* serait changé, c'est-à-dire, qu'une *autre branche* monterait sur le trône, ce qui s'est vérifié lors de l'avènement de Henri IV. Le troisième vers faisait connaître les difficultés qu'il aurait à surmonter pour se mettre en possession de tous ses états ; le quatrième présageait la fortune et la grandeur de ce monarque.

----

(1) Janus Gallicus, page 284. L'auteur de la Vie et Testament de Nostradamus, applique mal-à-propos ce quatrain à l'avènement de Philippe V au trône d'Espagne, puisque Charles II est mort à la suite d'une longue maladie.

Centurie VI, *Quatrain* 70 (1).

Un chef du monde , le grand CHIREN sera
Plus outre après aymé , craint , redouté ;
Son bruit et los les cieux surpassera ,
Et du seul titre victeur fort contenté.

Nostradamus, trente - quatre ans avant l'avénement du roi de Navarre au trône de France, annonçait , par le premier vers de ce quatrain , qu'un *Henric* (qu'il rend par le mot *Chiren*, son anagramme) , qu'un *Henric* , dis - je , et qu'un *Henric* surnommé *le Grand* serait un des chefs du monde. Les deux autres vers exprimaient la gloire de ce grand prince , qui, comme l'annonçait le prophète , a été tellement aimé de ses sujets, qu'il a été le premier à qui les Français ont élevé une statue : le quatrième vers prédisait qu'il faudrait qu'il fût *victeur*, c'est-à-dire, *vainqueur* de ses sujets. On ne peut douter que Nostradamus ait eu Henri IV en vue dans ce quatrain, lorsqu'on se rappelle ce vers de Voltaire, qui peint si bien ce grand roi :

Il fut de ses sujets le vainqueur et le père.

____

(1) Janus Gallicus , page 40.

CENTURIE IX, *Quatrain* 45 (1).

Ne sera soul jamais de demander
Grand Mendosus obtiendra son empire.

Le premier vers est relatif à Henri III ; *ne sera jamais soul de demander*, c'est-à-dire, d'accabler son peuple d'impôts. Dans le second vers, à moins de nommer Henri IV, Nostradamus ne pouvait pas le désigner plus particulièrement que par le mot *Mendosus*, qui, à la dernière lettre près, est l'anagramme de *Vendosme*, dont ce prince portait le nom en qualité de duc.

Les trois vers suivans confirment les explications que l'on vient de donner.

CENTURIE IX, *Quatrain* 50.

Mendosus tost viendra à son haut resgne,
Mettant arriere un peu le Norlaris
Le rouge blesme, le masle a l'interregne.

Ce quatrain a été écrit en 1558, trente - un

---

(1) Janus Gallicus, page 285. Clef des Prophéties, page 269. Vie et Testament de Nostradamus, Paris, 1789, page 133.

ans avant que le duc de Vendôme montât sur le trône où Nostradamus prédisait qu'il serait bientôt appelé , *mettant arriere un peu le Nc - laris, le rouge blesme, le masle à l'interregne,* c'est-à-dire, en éloignant les princes *Lorrains,* dont l'anagramme se trouve exactement dans le mot *Norlaris; le rouge blesme,* le vieux cardinal de Bourbon, que les ligueurs avaient proclamé roi sous le nom de Charles X ; *le masle à l'interregne,* le duc de Mayenne, qui gouverna pendant l'interrègne, c'est-à-dire , qui fut à la tête de la ligue jusqu'en 1595, qu'il déposa les armes, et se soumit au roi.

Nous terminerons l'explication des prophéties, relatives à l'avènement de Henri IV à la couronne de France, par le premier vers du dix-huitième quatrain de la dixième centurie , où Nostradamus cesse d'employer les anagrammes dont il s'était servi dans la neuvième centurie, et désigne la maison de Lorraine et celle de Vendôme par leurs propres noms.

Le rang lorrain fera place à Vendosme.

On doit remarquer ici la force du mot *rang,* qui exprime que, le *rang* auquel voudraient monter les princes lorrains serait occupé par la maison de Vendôme, qui ne succéderait pas par conséquent au *rang* lorrain, mais au *sang* de Valois, dont la maison de Lorraine chercherait vainement à usurper le *rang*.

1596   *Réduction de la ville de Marseille.*

Il ne restait plus à Henri IV qu'à réduire la ville de Marseille. Cette place était dominée par Charles de Casaux, consul, et par Louis d'Aix, viguier, qui, ayant usurpé toute l'autorité, avait fait un traité avec le roi d'Espagne. Ce monarque avait pris les rebelles sous sa protection, et leur avait envoyé Charles Doria avec douze galères chargées de mille soldats. Ce secours enhardit si fort les ligueurs, que dès-lors ils ne voulurent plus écouter les propositions que le roi leur faisait faire.

Un simple bourgeois, nommé *Libertat*, originaire de Calvi en Corse, conçoit le projet hardi de délivrer la ville du double joug des rebelles et des Espagnols. Secondé par son frère et huit de ses amis seulement, il excite un soulèvement, poignarde Casaux, chasse Louis d'Aix, et met Marseille en pleine liberté sous l'obéissance du roi.

Le corps de Casaux fut livré à la fureur de la populace, et la ville érigea une statue à l'intrépide *Libertat*.

Centurie III, *Quatrain* 88 (1).

De Barselonne par mer si grand'armée,
Toute Marseille de frayeur tremblera,
Isles saisies de mer ayde fermée,
Ton traditeur en terre nagera.

Les deux premiers vers expriment la frayeur que causèrent parmi les habitans de Marseille les secours que le roi d'Espagne envoya par mer aux rebelles. Le troisième vers annonçait que les Espagnols s'empareraient (comme ils le firent en effet) des îles voisines, et empêcheraient toute communication par mer. Le quatrième présageait le sort funeste réservé à Casaux, principal instigateur de la rebellion, et auteur du traité avec le roi d'Espagne.

Ecoutons l'auteur de l'histoire et chronique de Provence (2) : « quant à la charroigne de Cazaux qui fut vû nager et se patiner sur le ruisseau de son sang, suivant quatre vers prophétiques chantés de lui quarante ans auparavant par quelque grand personnage, elle fut tout aussitôt trainée à un coin de l'entrée de la porte, et despouillée,

---

(1) Concordance, page 137. Vie et Testament, page 139.

(2) Page 1030. Voyez aussi l'Histoire de Provence, par Gaufridi, page 840.

puis de ce pas abandonnée à la fureur et dis-
crétion des femmes et des enfans , qui pour premiers devoirs lui arrachèrent les poils de sa
barbe grise et chenue et presque la moitié du
nez , charroians par telles pompes au cime-
tierre St. Martin, avec honteuses funérailles ,
pleines d'exécrables imprécations , suivies de
mille blasphêmes , celui-là qui meritoit plustôt de
servir de proye aux corbeaux et oiseaux de l'air,
qu'aux vers de sa terre natale qu'il avoit si
meschamment trahie et contaminée , après l'a-
voir eslevé à des honneurs immérités , qu'il
convertit en tyrannie par une ingratitude ambi-
tieuse, desréglée et plus que barbare , dont il fut
justement payé. »

Supplice du maréchal de Biron.

1602 La conspiration du maréchal de Biron, du
comte d'Auvergne et du duc de Bouillon avec le
duc de Savoie fut découverte par *Laffin*, homme
de confiance du maréchal. On en avait eu les
premiers avis par *Roscieux*, ancien maire d'Orléans, et depuis secrétaire d'état au conseil du
duc de Mayenne. Le maréchal eut la tête tranchée dans la Bastille , le 31 juillet, par arrêt du
parlement, auquel le roi envoya une commission

pour le juger. Henri IV fit grace au comte d'Auvergne, fils naturel de Charles IX, depuis duc d'Angoulême, et au duc de Bouillon.

Le sixième présage, *pour les ans courans au dix-septième siècle,* s'adapte très-bien à l'évènement de la conspiration et du supplice du maréchal de Biron. Mais ce fait étant arrivé en 1602, et les présages n'ayant été imprimés pour la première fois qu'en 1605, après qu'ils eurent été présentés à Henri IV au château de Chantilly, le 19 mars de cette année, il y a lieu de douter de l'authenticité de ce sixain, et nous ne rapporterons pas les longues explications qui en ont été données par l'auteur des Concordances et par celui de la vie et du testament de Nostradamus (1).

Mort de Henri-le-Grand.

Le 14 mai, le roi sortit du Louvre à quatre 1610 heures du soir pour aller à l'Arsenal visiter Sully, qui était indisposé, et voir en passant les apprêts qui se faisaient sur le pont Notre-Dame et à l'Hôtel-de-Ville, pour la réception de la reine Marie de Médicis, qui avait été sacrée la veille à Saint-

---

(1) Concordance, page 138. Vie et Testament, page 156.

Denis. Il était au fond de son carrosse , ayant le
duc d'Épernon à son côté; le duc de Montbason,
le maréchal de Lavardin , Roquelaure , Laforce ,
Mirebeau , et Liancourt , premier écuyer , étaient
au-devant et aux portières. Son carrosse entrant de
la rue St.-Honoré dans celle de la Ferronerie, fut
contraint de s'arrêter à cause d'un embarras de
voitures , la rue étant alors fort étroite. Le roi
Henri II avait ordonné, cinquante-six ans auparavant , à pareil jour du mois de mai (1) , que
cette rue serait élargie , pour faciliter au roi le
passage de son château du Louvre en sa maison
des Tournelles ; mais cela ne s'était point exécuté.
« Hélas ! s'écrie Péréfixe, que la moitié de Paris
n'a-t-elle été plutôt abattue que de voir le plus
grand malheur qu'il ait jamais vû, et qui a été
cause d'une infinité de malheurs ! » Les valets de
pied étant passés sous les charniers des Saints In-
nocents pour éviter l'embarras, et n'y ayant personne autour du carrosse, François Ravaillac, natif
d'Angoulême, âgé de trente-un à trente-deux ans,
qui depuis longtems suivait opiniâtrément le roi
pour faire son coup, lui plongea plusieurs fois
son couteau dans la poitrine. Cet assassin voyant
le roi sans vie ne chercha point à s'enfuir ni à

____

(1) Lettres-patentes du 14 mai 1554.

cacher son couteau ; « mais il se tint là , dit encore Péréfixe , comme pour se faire voir et pour
se glorifier d'un si bel exploit. » Il fut pris sur-le-
champ, interrogé à différentes fois par des commissaires du parlement, jugé, les chambres assemblées , et par arrêt, tiré à quatre chevaux dans
la Grève , après avoir été tenaillé aux mamelles ,
aux bras et aux cuisses , sans qu'il témoignât la
moindre émotion de crainte ni de douleur dans
de si étranges tourmens.

Sully raconte qu'il entendit dire plus d'une fois
à Henri IV : « Mon ami, ce sacre (celui de la reine)
me présage quelque malheur , ils me tueront ; je
ne sortirai jamais de cette ville ; j'y mourrai ; mes
ennemis n'ont d'autre remède qu'en ma mort. On
m'a dit que je devois être tué à la première grande
magnificence que je ferois , et que je mourrois
dans un carrossse ; c'est ce qui fait que quelquefois, quand j'y suis , il me prend des tressaille-
mens, et que je m'écrie malgré moi. »

« La France, dit Hénault, n'a point eu de meilleur ni de plus grand roi que Henri IV ; il étoit
son général et son ministre ; il unit à une extrême
franchise la plus adroite politique, aux sentimens
les plus élevés une simplicité de mœurs charmante,
et à un courage de soldat un fonds d'humanité
inépuisable ; il rencontra ce qui forme et ce qui

déclare les grands hommes, des obstacles à vain-
cre, des périls à essuyer, et surtout des adver-
saires dignes de lui. »

La plupart des historiens de France, celui de la
Vie de Henri IV, et l'auteur du *Mercure français*, imprimé en 1619, s'accordent à dire que
des prodiges extraordinaires précédèrent la mort
de Henri-le-Grand : c'est ce que Nostradamus
avait annoncé par le quatrain suivant :

Centurie III, *Quatrain* 11 (1).

Les armes battre au ciel longue saison,
L'arbre au milieu de la cité tombé :
Verbine, rougne, glaive, en face tyson
Lors le monarque d'Hadric succombé.

Nostradamus cachait sous le mot d'*Hadric* le
nom d'Henri, et annonçait dans le quatrième vers
de ce quatrain que ce prince succomberait à l'é-
poque où l'on verrait les signes indiqués dans les
trois premiers vers ; qu'il périrait par le *glaive*,
c'est-à-dire, par un instrument tranchant, et
qu'un arbre tomberait à cette époque au milieu de
la *cité* ; ce qui ne peut s'entendre que de la ville
où se devait commettre cet horrible meurtre.

---

(1) Concordance, page 149.

En effet, de Prade, dans son sommaire de l'*Histoire de France*, nous apprend que le mai qui fut planté en 1610 dans la cour du Louvre, tomba le même jour.

RÈGNE DE LOUIS XIII.

Supplice de Henri de Montmorenci, duc et pair, et maréchal de France.

Le duc de Montmorenci, l'un des plus braves 1632 et des plus aimables seigneurs de son tems, gouverneur de Languedoc, beau-frère du prince de Condé, ennemi du cardinal de Richelieu, et mécontent, parce qu'il n'avait pu obtenir la charge de connétable, se laissa malheureusement entraîner dans la rebellion du duc d'Orléans, qui venait de publier un manifeste contre le cardinal, et de se donner le titre de *lieutenant-général du roi pour la réformation des désordres introduits dans le gouvernement par le cardinal de Richelieu.*

Le duc de Montmorenci fut blessé et fait prisonnier au combat, ou plutôt à la rencontre de Castelnaudary, contre le maréchal de Schomberg, le premier septembre 1632. Une commission,

composée de membres du parlement de Toulouse,
et présidée par le garde-des-sceaux de l'Aubespine
de Châteauneuf, fut chargée de lui faire son procès. Il ne voulut pas décliner cette juridiction:
Mon parti est pris, dit-il, *je ne veux pas chica-*
ner ma vie. L'arrêt rendu le 30 octobre le con-
damna à avoir la tête tranchée. Son exécution
eut lieu le même jour, malgré les sollicitations
des courtisans, qui demandèrent sa grace, et la
douleur que manifestèrent les habitans de Toulouse en apprenant la condamnation du duc.
« *Toute la France*, dit Moreri, témoigna une
douleur extraordinaire de cette perte; et il est
rarement arrivé que les Français ayent donné plus
de larmes à la mort d'un grand seigneur, et plus
de louanges à sa vertu. »

Voici comment Nostradamus annonçait cet
évènement, par une prédiction comprise parmi
celles publiées en 1605, sur le dix-septième siècle.

Sixain 31 (1).

Celui qui a les hazards surmonté,
Qui fer, feu, eaüe n'a jamais redouté
Et du pays bien proche du Basacle,
D'un coup de fer tout le monde estonné,

---

(1) Concordance, page 156.

Par crocodil estrangement donné
Peuple ravi de veoir vn tel spectacle.

Les deux premiers vers de ce sixain désignaient par ses qualités guerrières le duc, qui, suivant le quatrième vers, devait périr d'un coup de fer, c'est-à-dire, avoir la tête tranchée, *au pays et bien proche du Basacle.* Nostradamus indiquait par ce vers la ville de Toulouse, dont les moulins portent le nom de *Basacle.* Ces moulins sont situés dans le voisinage du *Capitole*, où fut exécuté ce malheureux duc, au milieu d'un peuple *ravi*, c'est-à-dire, *étonné* de voir périr ainsi son propre gouverneur par la main du bourreau, désigné dans le second vers par le mot *crocodil*, répété dans le même sens au quarante-cinquième sixain des mêmes prédictions (1).

Conspiration et supplice de Cinq-mars. Mort du cardinal de Richelieu et de Louis XIII.

Cinq-mars, fils du maréchal d'Effiat, âgé de vingt-deux ans, favori de Louis XIII, parvenu

1642

---

(1) De coup de fer tout le monde estonné,
    Par crocodil estrangement donné
    A un bien grand, etc.

à la dignité de grand-écuyer , était redevable de
sa fortune au cardinal de Richelieu , qui l'avait
placé auprès du roi, et lui avait appris la manière
de captiver le cœur de son maître. L'ambition
étouffa en lui la reconnaissance. Ce jeune homme
détestait son bienfaiteur , parce que celui-ci pré-
tendait le maîtriser , et conçut le projet de sup-
planter le ministre et de gouverner le royaume.
Il n'eut pas de peine à exciter le duc d'Orléans à
la révolte ; il attira aussi le duc de Bouillon , et
ils envoyèrent Fontrailles en Espagne pour traiter
avec le duc d'Olivarès.

Louis XIII était allé en personne conquérir le
Roussillon. Jamais le crédit de Cinq-mars ne parut
mieux établi que dans ce voyage ; il ne ménageait
plus rien , il déchirait le cardinal ; il proposait
tantôt de le faire assassiner , tantôt de le chasser
de la cour. Le roi semblait résolu à prendre ce
dernier parti, et Richelieu, ne doutant plus de sa
disgrace , s'était retiré à Tarascon, sous prétexte
d'y prendre les eaux de Montfrein. Peu après son
arrivée en Provence , il reçut à Arles une copie
du traité conclu à Madrid le 13 mars , signé par
Olivarès au nom du roi d'Espagne , et par Fontrailles au nom de Monsieur. Le duc de Bouillon
et Cinq-mars étaient nommés dans ce traité , qui
tendait à bouleverser l'état et à perdre le cardinal

de Richelieu. Celui-ci l'envoya à Marigny, secrétaire d'état, qui, s'étant rendu au camp de
Perpignan, le fit voir au roi. Sa majesté alla aussi-
tôt à Tarascon, et résolut avec son ministre (qui,
dit de Thou, de ce moment reprit toute l'autorité)
les moyens qu'il fallait employer pour punir les
coupables.

Cinq-mars fut arrêté à Narbonne le 13 juin ; le
duc de Bouillon le fut au milieu de son armée
le 23, et Monsieur demanda grace à son ordinaire,
en chargeant et en abandonnant ses complices.
La duchesse de Bouillon ayant menacé de livrer
Sedan aux Espagnols, le duc en fut quitte pour
remettre cette place au roi, encore en reçut-il
depuis un dédommagement considérable. Le seul
Cinq-mars fut la victime de son ambition ; il eut
la tête tranchée à Lyon le 12 septembre. Fontrailles se sauva en Angleterre.

Le cardinal, qui s'était rendu à Lyon pour y
faire juger Cinq-mars, retourna à Paris au mois
de novembre, et y mourut le 4 décembre, âgé
de 58 ans.

« Richelieu, dit de Thou, uniquement occupé
de l'idée d'accroître l'autorité de son maître, qui
étoit devenue la sienne propre, passa sa vie dans
le trouble que lui causoit nécessairement la crainte

de ses ennemis, tandis qu'il auroit eu besoin de tout le calme de son ame pour former des projets aussi vastes et aussi compliqués que les siens. Ce même homme, qui s'exposoit à la haine et à la vengeance de ce qu'il y avoit de plus grand dans le royaume pour rendre le gouvernement de son maître plus absolu, avoit autant à craindre du roi, pour qui il risquoit tout, que du ressentiment de ceux qu'il forçoit d'obéir. Que de cette situation il naisse des résolutions méditées, un systême suivi, des entreprises aussi sages qu'éclatantes ; qu'il puisse y avoir un homme né assez grand et assez ennemi de lui-même pour s'occuper tout entier de l'administration d'un royaume, où il est également craint, et de celui qu'il sert et de ceux qu'il soumet ; en vérité, c'est un problême qu'il n'appartient qu'aux passions de résoudre, ou un amour du bien public fort au-dessus de l'humanité. »

1643. Louis XIII ne survécut pas longtems à son ministre, et mourut le 14 mai 1643, à pareil jour que le roi Henri IV son père.

« Les vûes de ce prince, dit Hénault, étoient droites, son esprit sage et éclairé ; il n'imaginoit point, mais il jugeoit bien, et son ministre ne le gouvernoit qu'en le persuadant. »

CENTURIE VIII, *Quatrain* 68 (1).

Vieux cardinal par le jeune deceu,
Hors de sa charge se verra désarmé,
Arles démonstre, double soit aperceu,
Et l'aquèduc et le prince embaumé.

Le cardinal de Richelieu qui était âgé de cin-
quante-huit ans, et Cinq-mars qui n'en avait que
vingt-deux, sont désignés dans les deux premiers
vers, qui annonçaient, en même tems, que ce
jeune homme ferait sortir de sa charge ce vieux
ministre. Le troisième vers prédisait que ce serait à *Arles* que le crime de Cinq-mars serait
démontré par le *double*, c'est-à-dire, la *copie*
du traité qui fit découvrir la conspiration. Le
dernier vers annonçait la mort prochaine de
Louis XIII, et celle du cardinal, que Nostradamus désignait par le mot d'*aquèduc* par allusion à son autorité absolue, et à son ascendant
sur l'esprit du roi.

Nous ajouterons sur la mort du cardinal un des
sixains publiés en 1605, qui prédisait l'année
même de sa mort.

SIXAIN 26.

Deux frères sont de l'ordre ecclésiastique,
Dont l'un prendra pour la France la pique,

---

(1) Concordance, page 158.

(96)

Encore un coup , si l'an six cens et six
N'est affligé d'une grand'maladie ,
Les armes en main jusques six cens et dix
Guieres plus loin ne s'étendant sa vie.

On trouvera ce quatrain d'une vérité frappante, lorsqu'on se rappellera que le cardinal de Lyon était frère du cardinal de Richelieu , et que ce dernier mourut à la fin de 1642 , après avoir essuyé une longue maladie. Nostradamus avait désigné cette année 1642 , dans le troisième vers de ce sixain par ces mots, *six cens* et *six* , parce que 42 se compose de deux chiffres 4 et 2 qui font six.

RÈGNE DE LOUIS XIV.

Avènement de Louis XIV.

SIXAIN 48 (1).

Du vieux Chiren l'on verra le phœnix
Estre premier et dernier des fils
Reluire en France et d'un chacun aimable
Régner long-temps avec tous les honneurs
Qu'auront jamais eu ses prédécesseurs,
Dont il rendra la gloire mémorable.

____

(1) Prédictions tirées de Nostradamus , par le chevalier de Jant, 1673, page 66.

Par le vieux *chiren* ou *Henric*, Nostradamus désigne encore Henri IV, le plus vieux des quatre Henri. Henri I mourut âgé de 55 ans, Henri II à l'âge de 41 ans, Henri III ne parvint qu'à 38 ans, et lorsque Henri IV fut enlevé à la France, il était âgé de 57 ans.

Mais pour l'intelligence de ce sixain, il faut transposer les deux derniers mots du second vers, et dire ainsi : *des fils du vieux Henric l'on verra le phœnix estre*, c'est-à-dire, exister premier et dernier.

Louis XIV est clairement désigné dans ces deux premiers vers, puisqu'il est né le premier des enfans de Louis XIII, fils du vieux Henri, et qu'il a survécu quatorze ans à son frère.

Les quatre derniers vers n'ont besoin d'aucune explication ; on y voit annoncée la longue vie et le long règne de Louis XIV ; et même le mot *réluire* dont s'est servi Nostradamus, en parlant de ce prince, peut être regardé comme prophétique, puisque ce monarque prit le soleil pour son emblême.

Supplice de Charles 1er·, *roi d'Angleterre.*

L'exécution d'un roi jugé par ses sujets, avec 1649 toutes les formes d'une apparente justice, était un évènement si peu probable en 1558, lorsque Nostradamus écrivait sa neuvième centurie, que la seule prédiction du supplice de Charles Ier., roi d'Angleterre, suffirait pour illustrer ce prophète.

Sans entrer dans le détail des causes qui ammenèrent la révolution d'Angleterre, qui coûta la vie au roi Charles Ier., nous allons rapporter quelques particularités relatives à son procès, à sa condamnation et à sa mort (1).

Les communes d'Angleterre ordonnèrent l'établissement d'une haute-cour de justice pour examiner et juger *Charles Stuart, roi d'Angleterre*; elles nommèrent, par le même bill, les commissaires qui devaient former cette cour. Cet acte portait que l'autorité de la haute-cour n'aurait qu'un mois de durée.

Les commissaires s'assemblèrent pour la première fois le lundi 8 janvier 1649. Le mercredi suivant ils choisirent le conseiller *Bradshaw* pour leur président. Mais ce ne fut que le samedi 20 janvier qu'ils firent comparaître le roi devant eux.

« Cet infortuné monarque vit parmi ses juges *Ireton, Cromwel, Harrisson*, une foule de *scélé-*

____

(1) *Voy.* Hist. entière et véritable du procès de Charles Stuart, roi d'Angleterre. Paris, sur l'édition imprimée à Londres, en 1650.

rats, dont la mémoire sera éternellement en
horreur. *Crok*, solliciteur ou procureur-général,
dit, au nom des communes, que Charles Stuart
ayant été reçu roi d'Angleterre avec un pouvoir
limité, voulant établir un gouvernement illimité
et tyrannique, a traitreusement et méchamment
fait la guerre au parlement, et à la nation qu'il
représente, et que, pour cela, il est accusé comme
traître, tyran, homicide, ennemi déclaré et
implacable de la république. Sur quoi le président
somme le roi de répondre. Charles avec une
dignité et un courage que les revers n'avoient
pû abattre, répond qu'il ne reconnoît point l'autorité ni la juridiction de ce tribunal ; qu'étant
leur roi héréditaire par le droit de sa naissance,
tous ses sujets, même réunis, n'ont pas le pouvoir de lui faire son procès ; qu'ayant souvent
exposé sa vie pour la défense de la liberté et des
lois fondamentales du royaume, il est prêt encore à sceller de son sang ces droits précieux,
que ceux qui s'arrogent la qualité de ses juges,
sont nés ses sujets, et sujets des lois qui pro-
noncent que le roi ne peut faillir ; mais que,
sans recourir à cette maxime générale, il est en
état de justifier sa conduite par des raisons évi-
dentes ; et que, s'il y est invité d'une autre manière, il desire de leur démontrer, et à l'univers

entier, la justice de la guerre où il s'est malheureusement et malgré lui engagé pour sa défense.

« Une réponse si juste, si noble, si ferme, et
tout à-la-fois si modérée, auroit confondu des
hommes moins obstinés au crime. La nouvelle
cour ne laissa pas de continuer ses poursuites.
Charles y ayant été traduit jusqu'à trois fois, et
ayant trois fois décliné sa juridiction, les juges,
après avoir entendu quelques témoins, qui dépo-
sèrent que le roi avoit paru en armes contre les
troupes du parlement, prononcèrent la sentence
de mort dans les termes suivans :

» *La cour ordonne qu'iceluy Charles Stuart,
sera mis à mort, comme un tyran, un traistre,
un meurtrier, et l'ennemy commun de cette
nation, par la séparation qui sera faite de sa
teste d'avec son corps.*

« La France, la Hollande, l'Ecosse s'étoient
efforcées inutilement d'arrêter cette horrible pro-
cédure. Quatre illustres amis du roi, *Richmond,
Herlfort, Southampton et Lindesey*, représen-
tèrent aux communes, qu'en qualité de ses conseillers, ils étoient seuls coupables des mesures
qu'on lui imputoit comme des crimes, et qu'ils
demandoient à sauver par leur supplice, cette vie
précieuse que les communes elles-mêmes étoient
intéressées à défendre. Ce trait de générosité

excita peut-être la rage des parricides, car plus
les méchans se voyent condamnés par la vertu
des gens de bien, plus ils s'empressent de re-
cueillir les fruits de leurs attentats.

« Pendant trois jours qu'on laissa au roi avant
l'exécution, il s'occupa tranquillement de ces
vérités éternelles, qui élèvent l'ame au-dessus
des maux de la vie.

« L'échafaud avoit été dressé devant le palais
même de Whitehall, demeure des rois d'Angleterre. Charles y monta sans foiblesse, il ha-
rangua l'assemblée, protesta de son innocence,
et reconnut néanmoins que sa mort étoit juste
aux yeux de Dieu, qu'il étoit puni pour ne
s'être pas opposé à une sentence injuste (celle
de Strafford); il pardonna généreusement à ses
ennemis, les exhortant eux et la nation, à l'obeïs-
sance envers son légitime successeur. Un homme
masqué lui trancha la tête d'un coup. Un autre
la prit, la montra aux spectateurs en s'écriant:
voilà la tête d'un traître. »

Charles fut exécuté le mardi 30 janvier 1649,
correspondant au vendredi 9 février, suivant le
calendrier grégorien.

Moreri ajoute, que l'on fut obligé de choisir
deux hommes pour exécuter *cet attentat*, parce
que le bourreau *n'y voulut jamais venir, quel-*

quès promesses et quelques menaces qu'on lui eût faites.

Le corps du roi fut mis dans un cercueil de plomb, et porté dans la chapelle royale de Windsor, où il fut mis avec cette inscription : *Charles, roi d'Angleterre.*

« La nation ne tarda pas à revenir de son erreur. Autant elle s'étoit livrée contre Charles aux transports d'une haine aveugle ; autant se livra-t-elle à l'affliction après avoir perdu ce bon prince, dont le caractère méritoit l'estime et l'amour de ses sujets. Dans un siècle moins orageux, il auroit régné tranquille, avec la gloire de faire du bien sans inspirer de la défiance. Mais il manqua de cette sagesse politique qui doit se régler sur les conjonctures, et il suivit trop aisément des conseils qui ne valoient pas ses propres lumières.

« Voici quelques passages d'une de ses lettres au prince de Galles (depuis Charles II), propres à faire connaître l'esprit et les sentimens de Charles Ier. : *Vous voyez combien j'ai travaillé à la recherche de la paix. Ne craignez pas de suivre mes traces. Employez tous les moyens dignes de vous pour recouvrer vos droits ; mais préférez les voies pacifiques. Faites voir la grandeur de votre ame en triomphant de vos ennemis par le pardon plutôt que par les châtimens.... Enfin, si Dieu vous donne des succès, usez-en avec modestie, et ayez toujours de l'éloignement pour la vengeance. S'il vous rétablit à des conditions dures, tenez tout ce que vous aurez promis. Ces infracteurs des lois qu'ils étaient obligés de défendre trouveront leurs victoires pleines de troubles; mais ne pensez pas que rien au monde mérite d'être obtenu par des voies injustes et déshonnêtes.* Après le supplice du roi, les conspirateurs se hâtèrent de mettre la dernière main à leur ouvrage. La chambre basse déclara que la chambre des pairs devoit être abolie comme inutile et dangereuse, et qu'il n'y avoit plus de monarchie. La statue de Charles fut renversée, et l'on mit sur le piédestal cette inscription : *Exiit tyrannus regum ultimus. Le tyran, dernier des rois a disparu.* Les communes firent un grand sceau, qui portoit pour légende : *La première année du rétablissement de la liberté par la bénédiction du ciel.* Elles déclarèrent coupable de haute-trahison quiconque reconnoitroit pour roi *Charles Stuart,* connu sous le nom de *prince de Galles* (1). »

---

(1) *Voyez* Elémens de l'Histoire d'Angleterre, par Millot.

« Cromwel, déclaré général perpétuel des troupes de l'état, régna sous le titre de *protecteur*. La nouvelle république fut d'abord reconnue par le roi d'Espagne, ensuite par la Suède, la Hollande, la république de Venise, et enfin par la régence de France.

« Cependant, après la mort de Cromwel, en 1660, Charles II fut proclamé et reconnu roi dans toute l'Angleterre par les soins du général *Monck*, qui avoit succédé à l'autorité après la démission de Richard, fils du protecteur. *Monck* alla recevoir à Douvres le prince qu'il avoit eu la gloire de remettre sur le trône. Charles II fit son entrée à Londres le 8 juin. Nulle révolution plus rapide, plus avantageuse, ni moins violente. Tant de maux causés par la discorde et les guerres civiles avoient appris aux Anglais qu'un gouvernement légal est l'unique appui de la liberté et du bonheur des citoyens. »

Après le rétablissement de Charles II on institua une fête expiatoire avec jeûne, qui se célèbre le 30 janvier, jour du *martyre* du roi Charles Ier. Voici la collecte qu'on récite à l'office du matin : *O Dieu tout - puissant, qui es terrible eu tes jugemens et merveilleux en tes faits envers les fils des hommes; qui, en l'ardeur de ta colère, as permis qu'en ce jour-ci la vie de notre bon roi lui ait été ravie par les mains des iniques : nous, tes indignes serviteurs, reconnoissons en toute humilité que les péchés de cette nation ont été la cause qui a fait venir sur nous cet épouvantable jugement. Mais, ô Dieu de miséricorde, quand tu feras enquête du sang, n'imputes point le crime de l'effusion de ce sang innocent, que rien moins que celle du sang de ton fils ne sauroit expier : ne l'imputes point au peuple de ce royaume, et ne permets point qu'il nous soit jamais demandé, ni à nous, ni à notre postérité; aie pitié de ton peuple que tu as racheté, et ne sois pas irrité à jamais contre nous ; mais pardonnes-nous en ta miséricorde, par les mérites de ton fils J. C. Notre Seigneur. Amen* (1).

CENTURIE IX, *Quatrain* 49 (2).

Sénat de Londres mettront à mort leur roy ,
Le sel et vin lui seront à l'envers ,
Pour eux avoir le regne en désarroy.

Après ce qu'on vient de lire, ces trois vers n'ont besoin d'aucune explication.

Cette prophétie si claire sur un fait aussi

---

(1) Liturgie anglicane , édit. de la Haye, page 337.
(2) Concordance , page 166.

extraordinaire, a été imprimée quatre-vingt-onze ans avant l'évènement.

Voyage de Louis XIV en Provence, et construction de la citadelle de Marseille.

1660   Louis XIV, en allant célébrer son mariage avec l'infante, passa par la Provence. Ce monarque, mécontent des Marseillais, qui s'étaient révoltés contre leur gouverneur, ordonna, pendant son séjour dans cette province, la construction d'une citadelle, pour contenir dorénavant cette ville dans l'obéissance (1).

CENTURIE IV, *Quatrain* 16 (2).

La cité franche de liberté fait serve
Des profligez et resvueurs fait asyle :
Le roy changé à eux non si proterve,
De cent seront devenus plus de mille.

Voici l'explication de ce quatrain, telle qu'elle a été donnée par Guynaud, gouverneur des pages du roi, qui avait accompagné S. M. dans son voyage de Provence.

----

(1) C'est pendant ce séjour en Provence que Louis XIV visita le tombeau de Nostradamus.
(2) Concordance, page 169.

« Les deux premiers vers annonçoient que de libre que la ville de Marseille avoit été de tout temps, elle seroit assujettie sous le joug d'une citadelle. Mais, ce qui est plus surprenant, c'est que Nostradamus en prédit aussi la cause, et que ce seroit, dit-il, pour avoir donné *asyle à des profligez et resvueurs*, c'est-à-dire, à des perturbateurs du repos public, qui avoient voulu faire soulever le peuple de la ville d'Aix contre feu MM. le duc de Vendosme, cardinal, gouverneur de Provence, et le président d'Oppède. Le troisième vers dit : *Le roy changé à eux non si proterve*, c'est-à-dire, que le roy iroit à eux ; que sa Majesté se transporteroit, comme elle fit, à Marseille ; et que cette ville ne seroit plus à l'avenir si fière qu'elle avoit été par le passé : ce qui est signifié par ce mot latin, *proterva*. Le dernier vers n'a pas besoin d'autre explication, si ce n'est que toute la Provence sçait bien, que d'environ une centaine de personnes que ces gens-là étoient au commencement qu'ils se soulevèrent à Aix, le nombre augmenta si fort, qu'il s'en trouva plus de mille qui furent obligés de se sauver et de prendre la fuite à l'arrivée du roi. J'en puis parler sçavamment, puisque j'ai vu tout cela de mes propres yeux ; aussi bien que la fierté avec laquelle les Suisses refusèrent d'entrer dans la ville de Marseille, et de passer, comme firent les Gardes-Françoises, par une brêche qu'on fit faire auparavant par des massons, à cause que le roi voulut, avec raison, la traiter comme une ville qui s'étoit attirée son indignation. Cependant les Suisses se firent un point d'honneur de cela, et ils aimèrent beaucoup mieux passer par les portes de la ville, que d'y entrer par des brèches que les canons n'avoient point faites. »

Prise d'Orange.

Louis XIV fit démolir la forteresse d'Orange, dont il s'empara sur le jeune prince d'Orange, alors mineur ; il ne la lui rendit qu'à la paix de Nimègue. Cette ville fut reprise ensuite par le même monarque, en 1713, et enfin par Louis XV, en 1731.

CENTURIE VI, *Quatrain* 100 (1).

Fille de Laure, asyle du mal sain,
Où jusqu'au ciel se void l'amphithéâtre,
Prodige veu, ton mal est fort prochain,
Seras captive et des fois plus de quatre.

Laure, signifiant en provençal, *vent*, Nostra-

---

(1) Concordance, page 172.

damus désigne la ville d'Orange par ces mots : *fille de Laure*, à cause qu'elle est située au voisinage d'une montagne, et qu'elle y est continuellement exposée aux vents. La suite du premier vers caractérise plus particulièrement la ville dont il s'agit. Tout le monde sait qu'*Orange* était un lieu de refuge pour toutes les personnes qui craignaient les poursuites de la justice. Le second vers indique les restes de l'amphithéâtre bâti par les Romains dans cette ville, et la haute forteresse que Louis XIV fit raser en 1660. *Prodige veu ton mal est fort prochain.* Janus Gallicus rapporte que le comte de Sommerive, fils du comte de Tendes, gouverneur de Provence, prit cette ville le 6 juin 1562, et que quelques mois auparavant, il avait paru deux soleils, l'un en Orient et l'autre en Occident (1). Le dernier vers exprimait que cette ville serait souvent prise et reprise : en effet, depuis la prophétie, elle fut prise pour la seconde fois par les Français en 1573; elle l'a été pour la troisième fois sous Louis XIV en 1660, et c'est alors que ce monarque ordonna la destruction de ses fortifications. On a déja dit

---

(1) *Paulò antè ruinam ejus urbis visi sunt duo soles cum iride, alter in Oriente, in Occidente alter*, page 109.

qu'elle fut reprise par ce prince , et ensuite par son successeur.

Avènement du duc d'Anjou, petit-fils de Louis XIV, à la couronne d'Espagne.

1700 Charles II, roi d'Espagne, dépérissait sans postérité. Ses plus proches héritiers étaient Monseigneur , fils de Louis XIV , et Joseph, roi des Romains , fils de l'empereur Léopold. Marie-Thérèse d'Autriche, mère du premier , était l'aînée de la mère de Joseph. On craignait également en Europe la réunion de l'Espagne soit à la couronne de France, soit aux états de la branche allemande d'Autriche. Mais Charles ne pouvant souffrir, non plus que les Espagnols, l'idée du démembrement de la monarchie qui semblait inévitable après sa mort , fait son testament le 2 octobre 1700 , par lequel il déclare héritier de toutes les Espagnes , Philippe de France duc d'Anjou, second fils du Dauphin. Ce monarque mourut le premier novembre suivant, âgé de trente-neuf ans. Louis XIV accepte son testament le 11 du même mois, et il le déclare à l'ambassadeur d'Espagne le 16. Philippe V est proclamé à Madrid le 24 , il part de Versailles le 4 décembre. Le roi lui dit à son départ : *il n'y a plus de Pyrennées*. Belle parole pour exprimer l'union future des deux peuples.

Centurie VI, *Quatrain* 2 (1).

En l'an sept cent, et trois cieux en tesmoings,
Regnes plusieurs un à cinq feront change.

Les provinces d'Espagne ayant toutes le titre de royaume, et n'en formant néanmoins qu'un seul, cette monarchie est bien clairement désignée par ces mots : *Regnes plusieurs un à cinq feront change*, c'est-à-dire, changeront de dynastie en faveur d'un prince cinquième du nom. Le vers qui précède, par lequel l'année précise de l'évènement est indiquée, prouve l'exactitude de cette explication.

Centurie IV, *Quatrain* 2 (2).

Par mort la France prendra voyage à faire,
Classe par mer ; marchet monts Pyrennées.

Ces deux vers n'ont besoin d'aucune explication ; le dernier renferme presque littéralement la belle parole de Louis XIV au duc d'Anjou.

----

(1) Vie et Testament, page 117.
(2) Concordance, page 290. Vie et Testament, page 122.

Mort de Louis XIV.

1715   Louis-le-Grand mourut à Versailles le dimanche premier septembre 1715, âgé de soixante-
dix-sept ans moins quatre jours ; après en avoir
régné plus de soixante-douze. La gloire de ce
règne, le plus long de la monarchie, ne pourra
être surpassée que par celle du monarque qui
gouverne aujourd'hui la France.

« On a remarqué avec raison, dit le président Hénault, que les règnes d'Auguste et de
Louis XIV se ressembloient par le concours des
grands-hommes dans tous les genres qui a illustré
leurs règnes : mais on ne doit pas croire que ce
soit l'effet seul du hazard, et si ces deux règnes
ont de grands rapports, c'est qu'ils ont été accom-
pagnés à-peu-près des mêmes circonstances. Ces
deux princes sortoient des guerres civiles : de ces
temps où les peuples toujours armés, nourris sans
cesse au milieu des périls, entêtés des plus hardis
desseins, ne voyent rien où ils ne puissent at-
teindre : de ces temps où les évènemens heureux
et malheureux, mille fois répétés, étendent les
idées, fortifient l'ame à force d'épreuves, aug-
mentent son ressort, et lui donnent ce desir de
gloire qui ne manque jamais de produire de
grandes choses.

« Le même fond qui avoit produit des hommes
illustres dans la guerre, produisit des génies su-
blimes dans les lettres, dans les arts et dans les
sciences. L'émulation prit la place de la révolte,
les esprits accoutumés à l'indépendance ne la cher-
chèrent plus que dans les vues saines de la philosophie. Il n'étoit plus question d'entreprendre
sur ses pareils, il fallut s'en faire admirer; la
supériorité acquise par les armes fut remplacée
par celle que donnent les talens de l'esprit : en
un mot les mêmes circonstances réunies donnèrent à l'univers les règnes d'Auguste et de
Louis XIV. » Ajoutons que nous devons à des
circonstances semblables le règne de l'auguste chef
de notre quatrième dynastie, qui fournit une nouvelle face à ce parallèle.

Sixain 53.

Plusieurs mourront avant que Phœnix meure,
Jusques six cens septante est sa demeure,
Passé quinze ans, vingt-un, trente-neuf,
Le premier est subiect à maladie
Et le second au fer, danger de vie,
Au feu, à l'eau est subiect trente-neuf.

Ce sixain fut présenté à Louis XIV par le chevalier *de Jant* en 1673, lorsque ce prince n'a-
vait encore que 35 ans, et voici l'explication
qu'il en donna au roi.

10

« (1) *Plusieurs mourront avant que phœnix meure*, c'est-à-dire, que le *phœnix* en verra bien mourir avant qu'il finisse ses jours, d'autant qu'il vivra long-temps.

» *Jusque six cens septante est sa demeure*; il faut prendre ce vers à rebours, et dire :

Jusque septante-six ans est sa demeure.

» Qui est le véritable sens de l'auteur ; et comme il n'y a que la lettre *C* de plus comme au nom d'*Henric*, cela n'est pas considérable, puisqu'en presque tous les quatrains il y a toujours quelques lettres de plus ou de moins, afin de rendre les prophéties obscures. Et mesme dans tous les anagrammes et acrostiches qui se font, il est permis de retrancher une lettre, ce qui n'empesche pas la perfection de l'ouvrage. Il ne faut donc pas s'arrêter à cela ; mais aller au sens de l'auteur, d'autant que si l'on prenoit le vers au pied de la lettre quand il dit :

Jusque six cens septante est sa demeure,

» dès-lors la fausseté de la prédiction seroit véri-

---

(1) Prédictions tirées des Centuries de Nostradamus, par le chevalier de Jant , 1673 , page 70.

fiée par la vie présente de sa majesté, qui ne seroit plus au monde dès l'année 1670. Outre que dans le texte il n'est point parlé de *mille six cens septante*, mais seulement de *six cens septante*, qui estant renversé signifie *septante six ans*. Mais comme le *phœnix* doit vivre les 76 ans qui lui sont annoncés, il faut estre persuadé par la nécessité indispensable de la mesme prophétie, qui parle si clairement, qu'il vivra ce grand âge, et c'est ce qui se connoist encore plus intelligiblement dans le sixain précédent, qui dit, que le *phœnix regnera long-temps* (1), puisque ce mot de *regner* présupose celui de *vivre*, et conclure par le sens moral et littéral que S. M., qui est le *phœnix*, vivra les 76 années, et c'est ce qui se voit encore mieux par la suite du sixain, qui dit :

Passé quinze ans, vingt-un, trente-neuf,

» Ce qui signifie que le *phœnix* passera le nombre de quinze ans, de vingt-un et de trente-neuf, qui sont les trois temps de sa vie, qui tous assemblés font le nombre de 75 ans, et le mot de *passé* signifie qu'il passera ce nombre, et tant

---

(1) Expliqué sur l'avénement de Louis **XIV**, page 96.

ce que dessus est fort bien rectifié au pied de la lettre. Le reste du sixain dit :

> Le premier est subiect à maladie ,
> Le second au fer danger de vie ,
> Au feu , à l'eau est subiect trente-neuf.

« Nostradamus faisant une distinction des trois temps principaux de la vie du *phœnix*, dit, que le premier sera sujet à maladie , ce qui s'est rencontré véritable depuis la quinzième année de S. M. jusqu'à la vingt-unième , qui fut sa grande maladie à Calais, où tout fut désespéré de sa santé : elle arriva, en 1658 , en sa vingt-unième année inclusivement, à compter de 1638, dans laquelle S. M. vint au monde.

> Le second au fer danger de vie ,

« signifie que cette seconde partie sera en danger et exposée au fer. Aussi voit-on comme V. M. risque beaucoup sa vie dans les dangers continuels de la guerre , où elle hazarde sa personne, comme fait le moindre de ses soldats. »

> Au feu , à l'eau est subiect trente-neuf.

Nous ajoutons aux conjectures de l'auteur qui écrivait en 1673, que les campagnes de 1676 et 1677 furent les plus brillantes du règne de

Louis XIV, et qu'à cette époque ses flottes remportèrent des victoires signalées sur les Hollandais. Le roi avait alors 39 ans.

Le chevalier de *Jant* s'adresse à Louis XIV, et continue en ces termes : « Charlemagne, le plus grand de tous les rois qui ònt regné en France jusqu'à présent, ne vescut que soixante-douze ans et ne régna que quarante-sept. Sire, V. M. le surpassera en tout, soit en longueur de vie et de régne, comme en grandes actions, et l'on peut juger des merveilles qu'elle opérera pendant les longues années qui lui restent à régner sur la terre, puisqu'en si peu de temps qu'elle a commencé à prendre les rênes de la monarchie, le monde a déjà veu de si grands et de si merveilleux ouvrages de sa sagesse et de sa valeur; mais il est seulement question à présent de soixante-seize années de régne et de vie heureuse que Nostradamus lui annonce dans ce nombre de 76. C'est celuy de sept fois dix, tant préconisé dans l'Escriture sainte; c'est celuy auquel l'empereur Auguste finit ses jours comblé d'honneurs et de gloire, ainsi que V. M. l'est dès-à-présent, et passera le comble et la mesure à l'avenir. »

Ce sixain ni l'explication du chevalier de Jant n'ont besoin d'aucun commentaire, puisqu'on vient de voir que Louis-le-Grand mourut dans sa

soixante-dix-septième année, et que les principales époques de la vie de ce monarque sont
marquées, dans cette prédiction, par des circonstances qui lui ont été particulières.

RÈGNE DE LOUIS XV.

Régence du duc d'Orléans.

Louis XV, arrière-petit-fils de Louis-le-Grand,
parvint au trône à l'âge de cinq ans. Louis XIV,
par son testament, avait nommé les membres qui
devaient composer un conseil de régence, dont le
duc d'Orléans n'aurait été que le chef; mais ce
prince, malgré des dispositions aussi formelles,
se fit donner la régence absolue par arrêt du
parlement.

CENTURIE III, *Quatrain* 15.

Cœur, vigueur, gloire, le regne changera,
De tous points contre ayant son adversaire :
Lors France enfance par mort subjuguera,
Un grand régent sera lors plus contraire.

On remarquera d'abord que depuis Henri II
jusqu'à Louis XV toutes les régences, à l'ex-

(119)

ception de celle du duc d'Orléans, ont été entre les mains des femmes.

Cœur, vigueur, gloire : voilà bien la désignation du règne de Louis XIV, qui *changera de tous points ;* c'est en effet après ce règne et de l'époque de cette régence que date la licence des mœurs, qui a fait des progrès effrayans et tellement rapides qu'elle a changé la France, et a été une des principales et peut-être même la seule cause qui a amené la révolution, dont l'infortuné successeur de Louis XV a été la victime. *Contre ayant son adversaire,* ces trois mots et les deux vers suivans peuvent servir à confirmer l'opinion de ceux qui ont soupçonné le duc d'Orléans d'avoir attenté à la vie des héritiers de Louis XIV pour parvenir au trône.

On peut appliquer à ce quatrain les réflexions de l'auteur de la *Clef des Prophéties de Nostradamus* sur le quarante-unième quatrain de la troisième centurie, au sujet de Montgommeri, auteur de la mort de Henri II (1).

Ministère du cardinal de Fleury.

Le cardinal de Fleury, précepteur de Louis XV, 1726

---

(1) Voyez ci-dessus, page 42.

parvint au ministère en 1726, à l'âge de 73 ans, et conserva toute son autorité jusqu'à sa mort, qui arriva en 1743.

Centurie III, *Quatrain* 14.

Par le rameau de vaillant personnage,
De France infime, par le pere infelice :
Honneurs, richesses, travail en son vieil aage,
Pour avoir cru le conseil d'homme nice.

En lisant le quatrième vers de ce quatrain avant le troisième, l'explication de cette prophétie devient très-facile.

Le rameau de vaillant personnage indique Louis XV, *rameau* ou descendant éloigné de Louis XIV, dont il n'était qu'arrière-petit-fils. *De France infime, par le pere infelice ;* ce vers caractérise plus particulièrement le règne de Louis XV, puisque ce prince ne parvint au trône que par le malheur qu'eut la France de perdre le duc de Bourgogne son père et le Grand-dauphin, fils de Louis XIV, son grand-père. Ce prince a toujours *cru le conseil d'homme nice*, c'est-à-dire, qu'il a respecté les avis du cardinal de Fleury, son précepteur, homme dont la qualité distinctive a été la *simplicité*, exprimée par le vieux mot *nice*. Aussi Louis XV s'empressa-t-il, après la mort du régent, d'élever ce prélat au ministère, quoiqu'il fût déja parvenu à un âge très-avancé. C'est ce qui était annoncé par le troisième vers.

RÉGNE DE LOUIS XVI.

Révolution française.

On va voir que Nostradamus a prédit dans ses Centuries les principaux évènemens de la révolution, qui a commencé en 1789; mais une chose bien digne de remarque, et qu'on ne trouve pas dans ses Centuries, c'est que ses ennemis ont constaté qu'il avait prédit une grande *conjonction* (c'est-à-dire, *révolution* dans le style prophétique de Nostradamus) pour 1789; car Pavillon, qui a composé un livre intitulé : *Les Contredicts aux faulses et abbusifues prophéties de Nostradamus, imprimé à Paris en 1560*, six ans avant la mort de Nostradamus, voulant entreprendre de réfuter toutes les prédictions qui couraient à cette époque, commence son ouvrage en lui reprochant celle dont il s'agit, dans ces termes (1) : *Ilz nous promectent vne grande*

1789

---

(1) Chap. I, page 4.

11

et merveilleuse conionction environ les ans de nostre Seigneur mil sept cenz octante neuf. O folie grande : ô curieuse et insatiable affection humaine de cuyder s'auancer de prophétiser si haultement ! Qu'aurait pensé Pavillon s'il eût été possible qu'il vécût encore en 1789, c'est-à-dire, 229 ans après la publication de son ouvrage contre Nostradamus ?

Assemblée nationale constituante.

Le conseil d'état avait arrêté le 27 décembre 1788, que le nombre des députés du tiers-état aux états généraux serait égal à celui des deux autres ordres réunis. Ce principe fut adopté mal-gré les princes du sang qui dans un mémoire pré-senté au roi, avaient manifesté la crainte que l'infraction, par le tiers, des droits du clergé et de la noblesse, fît dégénérer la monarchie française en despotisme ou démocratie (1).

Les députés du tiers, forts de cette double représentation, entreprirent de contraindre les deux autres ordres à se réunir à eux pour ne former qu'une seule chambre, et se déclarèrent constitués en *assemblée nationale*, le 16 juin 1789, malgré la résistance du clergé et de la no-

____

(1) Introduction au Moniteur, paragraphe IV.

blesse qui entrèrent enfin au sein de l'assemblée
par ordre du roi, le 27 du même mois.

CENTURIE III, *Quatrain* 59.

Barbare empire par le tiers usurpé ,
La plus grand'part de son sang mettra à mort.
Par mort senile par luy le quart frappé
Pour peur que sang par le sang ne soit mort.

Les trois derniers vers de ce quatrain sont relatifs aux malheurs qui ont suivi l'évènement annoncé dans le premier vers. C'est une des prédictions les plus étonnantes de Nostradamus ; elle
n'a besoin d'aucun commentaire.

Création des assignats , et constitution civile du Clergé.

L'assemblée nationale décrète, le 16 avril 1790
1790 , que les assignats auront cours de monnaie
et seront reçus comme espèces sonnantes dans
toutes les caisses publiques. Et le 14 novembre
suivant, elle rend un décret pour l'exécution de
la constitution civile du clergé.

CENTURIE I , *Quatrain* 53.

Las qu'on verra grand peuple tourmenté,
Et la loy saincte en totale ruine ,

Par autres lois toute la chrestienté :
Quand d'or , d'argent, trouve nouvelle mine.

Les lois qui devaient causer *la ruine de la loi sainte*, c'est-à-dire, *la constitution civile du clergé*, qui ne fut décrétée que dans la vue de produire un schisme; et la *nouvelle mine d'or et d'argent*, c'est-à-dire, les *assignats*, ont été la source d'une foule de désastres et des tourmens *d'un grand peuple*; voilà ce qui est clairement exprimé par ce quatrain,

Fuite de Louis XVI avec sa famille, et son arrestation à Varennes.

1791   Louis XVI cède enfin aux sollicitations réitérées de la reine, et se décide à quitter sa capitale. Il part dans la nuit du 20 au 21 juin 1791.

Voici comment cet évènement est rapporté par Prudhomme : « On commande au maître de poste de Sainte-Menehould huit chevaux pour une voiture qui ne doit pas tarder à passer. On les tient prêts. La voiture arrive en effet. Les voyageurs qu'elle renferme ne se montrent pas. Le relai est donné et l'on part. Un détachement de hussards, un autre de dragons et quelques courriers l'escortaient à un quart de lieue. Les maîtres disent

(125)

de prendre, au sortir de Sainte-Menehould la route de Verdun ; mais à quelques pas de là, de nouveaux ordres font prendre au postillon *la route à gauche*. Le maître de poste qui n'étai-prévenu de rien, se doute pourtant de quelque chose, et soupçonnant une exportation considé-rable de numéraire, il détache son fils pour éclair-cir ses soupçons. Celui-ci fait diligence, et arrive avant l'équipage à *Varennes* : c'est le nom du lieu que les fuyards avaient substitué à Verdun. Il sonne l'alarme : deux jeunes gens s'arment et s'opposent avec fermeté au passage de la voiture, qui entra dans la petite ville de Varennes entre une heure et deux. Au bruit de cette arrestation, plusieurs habitans sortent de leurs maisons, se rassemblent sur la place. La garde nationale se met aussitôt sur pied, et contraint les voyageurs à descendre de voiture. Il fallut obéir à la force. *Le procureur de la commune arrive*, et offrit l'hospitalité aux voyageurs qui demandaient à se rafraîchir.

« Le roi était coiffé d'un chapeau rond qui lui cachait presque tout le visage. Son habit était *gris-de-fer* (1). »

Les auteurs de l'histoire de la révolution de

---

(1) Révolutions de Paris, N°. 102, page 542 et suiv.

1789 ajoutent, que « M. Sausse, marchand chandelier, et procureur de la commune, après avoir dissimulé jusqu'au jour, déclare au roi qu'il est arrêté, et qu'il faut qu'il retourne à Paris (1). »

Le Moniteur rapporte aussi, dans les détails de la séance du 24 juin, que « l'un des administrateurs du district de Clermont, dépose les procès-verbaux relatifs à l'arrestation du roi, et vante la conduite héroïque de *Sausse*, procureur-syndic de Varennes, qui a résisté aux caresses du roi et de la reine (2).

CENTURIE IX, *Quatrain* 20.

De nuict viendra par la forest de Reines
Deux pars voltorte Herne la pierre blanche,
Le moine noir en gris dedans Varennes,
Esleu cap. cause tempeste, feu, sang, tranche.

Ce quatrain renferme plusieurs anagrammes qu'il convient d'abord de faire remarquer. *Le moine noir*, est l'anagramme exacte de *le nommé roi* en supprimant seulement le point sur l'i du mot *moine*, et réunissant cette lettre à l'*u* pour

---

(2) Histoire de la révolution de 1789, par deux amis de la liberté, Paris, 1792, tome VII, page 119 et suiv.

(1) Moniteur, feuille du 25 juin 1791.

en faire une *m*. *Herne* est aussi l'anagramme de *reine* en écrivant ce mot sans *i*, ou en substituant cette lettre à l'*h*. *Voltorte*, mot moitié provençal, signifie *chemin détourné*. *Deux pars*, c'est-à-dire, *deux époux*.

D'après cette explication, voici comme on doit lire les trois premiers vers de ce quatrain : *deux pars, le moine noir en gris ; la herne pierre blanche, viendra dedans Varennes de nuict par la forest de Reines, voltorte*, c'est-à-dire, *deux époux*, savoir : le nommé roi vêtu de gris, la reine vêtue en blanc, viendront dedans Varennes, de nuit par la forêt de Reines, chemin détourné.

Cette version s'accorde d'une manière frappante avec les détails que l'on vient de lire. On voit que Nostradamus a prédit jusqu'à la couleur des vêtemens de l'infortuné Louis XVI, que son arrivée à Varennes aurait lieu de *nuit*, et par un *chemin détourné*. Il va même plus loin : il n'appelle pas ce monarque le *roi*, mais *le nommé roi*; en effet, depuis 89 il n'était plus roi que de nom.

Quant au quatrième vers, on n'a besoin, pour y trouver annoncés tous les évènemens qui ont suivi ce malheureux voyage jusqu'à la fatale journée du 21 janvier 1793, que de lire, à la fin du vers, le mot *cap* qui signifie *tête* en provençal.

Eslu, c'est-à-dire, nommé roi constitutionel; cette élection cause *tempête*, *feu*, *sang*, toute sorte de désastres, et finit par *tranche cap*, c'est-à-dire, faire trancher la tête au monarque.

CENTURIE IX, *Quatrain 34.*

Le part soluz mary sera mittré,
Retour conflict passera sur le thuille :
Par cinq cens un trahyr sera tiltré,
Narbon. et Saulce par contaux avous d'huille.

Même inversion qu'au quatorzième quatrain de la troisième centurie, relatif au ministère du cardinal de Fleury (1), c'est-à-dire, qu'il faut lire le premier vers de ce quatrain après le troisième, car il a rapport à un évènement qui s'est passé en 1792. Le reste concerne la fuite du roi et son arrestation à Varennes.

En effet, le second vers annonçait qu'à son retour il passerait sur le *thuille*, c'est-à-dire, qu'il reviendrait aux *Tuileries*. Que quoique *titré*, c'est-à-dire, ayant conservé le nom de *roi*, il serait *trahi par cinq cens un*, nombre dont Nostradamus s'est servi pour exprimer qu'il lui resterait bien peu de fidèles serviteurs. Le

---

(1) Voyez page 120.

troisième vers met *Narbon* et *Saulce* au nombre
des traîtres ; et quoiqu'il manque deux lettres
au nom de *Narbonne*, et que l'ortographe de
celui de *Sausse* ne soit pas exacte , on ne peut
s'empêcher d'être étonné de trouver aussi clairement désignés dans ce quatrain *Narbonne*,
ministre de Louis XVI en 1791 (1), et *Sausse*,
procureur – syndic de Varennes , indiqué non-
seulement par son nom , mais encore par sa profession de chandelier-épicier, à laquelle a rapport la fin du quatrième vers.

Enfin Nostradamus nous présente à-la-fois le
tableau des suites de la journée du 20 juin 1791
et de celle du 20 juin 1792.

C'est dans cette dernière et trop fameuse 1792
journée qu'on a porté le mépris pour le monarque à son comble, en l'obligeant à se coiffer
d'un bonnet rouge.

Le part soluz mary sera mittré.

Après avoir vu le roi et la reine désignés par
ces mots : *deux pars*, dans le vingtième quatrain de la même centurie, on ne peut douter
que *le part mary* ne doive être appliqué à

---

(1) On peut encore appliquer ici les réflexions de l'auteur de
la Clef des Prophéties, au sujet de Montgommeri. Voyez ci-
dessus, page 42.

Louis XVI , et le mot latin *solus* annonçait que l'outrage dont il s'agit ici, était réservé à lui seul.

Persécution contre l'église, et nouvelle ère.

L'opposition du clergé à la constitution civile qu'on fit semblant de vouloir lui donner en 1790, fut le prétexte dont se servirent ses ennemis pour susciter contre lui une persécution qui, dans la réalité, a duré jusqu'au 9 novembre 1799 (18 brumaire an 8); mais qu'on peut dire avoir cessé à la fin de 1792, puisqu'à cette époque, le clergé et le culte public furent anéantis en France, et que, dès ce moment, quoiqu'on ait continué à faire mourir les prêtres qu'on appellait alors *réfractaires*, (c'était ceux qui avaient refusé les sermens exigés par les décrets), ce n'était plus en leur qualité de prêtres qu'on les condamnait à mort, c'était ou comme émigrés, ou comme déportés rentrés, quoiqu'il fût constant que la plupart n'eussent pas quitté le territoire Français. Aussi Nostradamus, qui n'avait envisagé que l'existence publique de l'église en France, avait-il prédit cette persécution en 1558, dans son épître dédicatoire adressée à Henri II, comme devant cesser en 1792. Voici ses propres expressions: *Sera faicte plus grande persécution à l'église*

*chrestienne, que n'a été faicte en Affrique,
et durera ceste icy jusques à l'an mil sept
cens nonante deux que l'on cuidera estre une
rénovation de siecle.*

Voilà une phrase qui ne présente aucune anagramme, qui n'exige aucune inversion, et qui annonçait à-la-fois, 234 ans avant l'époque indiquée, deux faits uniques dans l'histoire de France, la persécution contre l'église et une *rénovation* de siècle en 1792, c'est-à-dire, le renouvellement d'un siècle, qui a eu lieu par l'établissement de l'ère républicaine, à dater du 22 septembre 1792.

Indépendamment de cette partie de l'épître à Henri II, nous pourrions citer beaucoup de quatrains sur la persécution que l'église a essuyée dans ces derniers tems. Nous nous bornerons aux deux suivans, qui n'ont besoin d'aucune explication.

Centurie I , *Quatrain* 44.

En bref seront de retour sacrifices ,
Contrevenans seront mis à martyre ,
Plus ne seront moines, abbez ne novices,
Le miel sera beaucoup plus cher que cire.

Le premier vers de ce quatrain indiquait, sous le nom de *sacrifices*, les cérémonies payennes qui

se célébreraient en France dans ces tems malheureux.

CENTURIE VIII, *Quatrain* 98.

Des gens d'église sang sera espanché
Comme de l'eau en si grande abondance,
Et d'un long temps ne sera restranché
Vé , vé au clerc ruyne et doléance.

Ajoutons ces deux vers de la

CENTURIE VI , *Quatrain* 9.

Aux temples saincts seront faicts grands scandales
Comptez seront pour honneurs et louanges.

RÉPUBLIQUE.

Fondation de la République française.

La Convention nationale décréta , dans sa première séance , le 21 septembre 1792 , l'abolition
de la royauté et la fondation de la république.

CENTURIE I , *Quatrain* 3.

Quand la lictiere du tourbillon versée
Et seront faces de leurs manteaux couverts ;
La République par gens nouveaux vexée
Lors blancs et rouges jugeront à l'envers.

Quand la lictiere du tourbillon versée,

quand tout sera renversé sans dessus dessous ,
et seront faces de leurs manteaux couverts , et
que la dissimulation régnera parmi les Français :
la République par gens nouveaux (sera) vexée
ce dernier mot, dans Nostradamus , signifie
établie, soutenue, comme on le verra encore
ci-après (1).

On ne peut s'empêcher de reconnaître dans
ce quatrain toutes les circonstances qui ont rapport à la fondation de la *République française* ,
puisqu'il est question d'une *république* établie
par *gens nouveaux*, c'est-à-dire , à la première
séance de la Convention, quand tout aura été renversé ou changé, dans un tems où la crainte fera
régner la dissimulation , et où les jugemens des
tribunaux ne seront plus fondés sur la justice.

Quant aux malheurs publics qui ont suivi
cette trop célèbre époque, Nostradamus les a
annoncés dans une foule de quatrains : nous nous
contenterons de citer les deux premiers vers
de la

CENTURIE I, *Quatrain* 61.

La République miserable infelice
Sera vastée du nouveau magistrat.

---

(1) Voyez régne de Napoléon, Centurie VIII , quatrain 57.

Et de la

CENTURIE V, *Quatrain 5.*

Sous ombre faincte d'oster de servitude
Peuple et cité l'usurpera luy-mesme.

Le quatrain suivant :

CENTURIE VI , *Quatrain 8.*

Ceux qui estoyent en regne pour sçavoir,
Au royal change deviendront appouvris :
Vns exilez sans appuy , or n'avoir,
Lettrez et lettres ne seront à grand prix.

Et le premier vers de la

CENTURIE IX, *Quatrain* 17.

Le tiers premier , pis que ne fit Néron.

Emigration.

Comme l'émigration appartient à toute la révolution , nous allons placer à l'époque où elle
devint en quelque sorte indispensable , pour
beaucoup de personnes, les prédictions de Nostradamus, touchant la sortie des émigrés et les
lois de spoliation et de mort portées contre eux.

CENTURIE VI , *Quatrain* 69.

La grand'pitié sera sans long tarder,
Ceux qui donnoient seront contraints de prendre,

Nuds , affamez de froid , soif , soy bauder ,
Passer les monts en faisant grand esclandre.

CENTURIE X , *Quatrain* 20.

Tous les amys qu'auront tenus party
Pour rude en lettres mis mort et saccagé
Biens publiez par fixe grand neanty ,
Onc Romain peuple ne fut tant outragé.

Supplice de Louis XVI.

Le 3 décembre 1792 la Convention nationale décréta que le roi serait jugé par elle , et , le 14 janvier 1793 , elle détermina que l'appel nominal aurait lieu sur les trois questions suivantes : **1793** *Louis est-il coupable ? La décision sera-t-elle soumise à la sanction du peuple ? Quelle peine Louis a-t-il encourue ?* -

L'appel nominal sur la première question posée en ces termes : *Louis est-il coupable de conspiration contre la liberté , et d'attentats contre la sûreté générale de l'état ?* donna le résultat suivant : Sur 745 membres, 20 étaient absens par commission, 5 par maladie, et un sans motif; 26 firent différentes déclarations, et 693 votèrent pour l'affirmative. En conséquence le président déclara , au nom de la Convention ,

Louis Capet coupable d'attentats contre la liberté et la sûreté générale de l'état.

Le second appel nominal fut fait sur cette question : *Le jugement qui sera rendu sur Louis sera-t-il soumis à la ratification du peuple réuni dans ses assemblées primaires ?* Sur 717 membres présens, 10 refusèrent de voter, 424 votèrent contre l'appel au peuple, et 283 pour. En conséquence le recours au peuple fut rejeté.

Au troisième appel nominal, sur la question suivante : *Quelle peine Louis a-t-il encourue ?* l'on compta 749 membres ; savoir : 28 absens ou qui ne votèrent pas, 334 votèrent pour la détention ou la mort conditionnelle, et 387 pour la mort sans condition.

Enfin sur la question du sursis à l'exécution du jugement rendu contre Louis XVI, l'appel nominal présenta le résultat suivant. Sur 690 votans, 310 furent pour le sursis, et 380 contre. En conséquence, la Convention, dans sa séance du 19 janvier, rendit un décret portant peine de mort contre Louis XVI, et annullant son acte d'appel au peuple.

Elle ordonna en outre que le conseil exécutif notifierait à Louis le décret, et le ferait exécuter dans les 24 heures.

Le ministre de la justice, en rendant compte, dans la séance du 20 janvier, de la notification du décret au roi, lut à la convention un papier écrit da la main de Louis. Il demandait trois jours pour se préparer à paraître devant Dieu, avec la faculté de voir librement la personne qu'il indiquerait, sans qu'elle pût être inquiétée pour cette démarche. Il demandait à communiquer sans témoins avec sa famille, que la convention s'occupât de son sort, et l'autorisât à se retirer librement où elle voudrait; enfin il recommandait à la bienfaisance de la nation toutes les personnes qui étaient attachées à son service. Le ministre annonça que l'ecclésiastique indiqué par Louis, était M. *Edgworth* prêtre irlandais.

La Convention autorisa Louis à communiquer sans témoins avec sa famille, et à appeler auprès de lui tel ministre du culte qu'il indiquerait; elle déclara qu'elle s'occuperait du sort de sa famille, et passa à l'ordre du jour sur le délai de trois jours réclamé par Louis.

Voici comment le Moniteur rendit compte du supplice de ce monarque.

« Lundi 21 janvier était le jour fixé pour l'exécution du décret de mort prononcé contre Louis Capet.

« Le commandant-général et les commissaires
de la commune sont montés à 8 heures et demie
du matin dans l'appartement où était Louis
Capet. (1) Le commandant lui a signifié l'ordre
qu'il venait de recevoir pour le conduire au supplice : Louis lui a demandé trois minutes pour
parler à son confesser, ce qui lui a été accordé.
Un instant après Louis a présenté un paquet à
un des commissaires, avcc prière de le remettre
au conseil-général de la commune. Le citoyen
Jacques-Roux a répondu à Louis qu'il ne pouvait
s'en charger, parce que sa mission était de l'accompagner au supplice : il a répondu, *c'est juste.*
Le paquet a été remis à un autre membre de la
commune qui s'est chargé de le rendre au conseil-
général.

« Louis a dit alors à Santerre : *marchons, je
suis prêt.* En sortant de són appartement, il a
prié les officiers municipaux de recommander à
la cómmune les personnes qui avaient été à son
service.

« Louis a traversé à pied la première cour;
dans la seconde, il est monté dans une voiture où
étaient son confesseur et deux officiers de gen-

---

(1) Le roi et toute sa famille étaient détenus au Temple depuis
le 10 août 1792.

darmerie. L'exécuteur l'attendait sur la place de la révolution (1). Le cortège a suivi les boulevards jusqu'au lieu du supplice ; le plus grand silence régnait le long du chemin. Louis lisait les prières des agonisans ; il est arrivé à 10 heures 10 minutes à la place de la révolution. Il s'est déshabillé, est monté d'un pas assuré, et se portant vers l'extrémité gauche de l'échafaud, il a dit d'une voix assez ferme : *Français, je meurs innocent, je pardonne à tous mes ennemis, et souhaite que ma mort soit utile au peuple.* Il paraissait vouloir parler encore, le commandant général ordonne à l'exécuteur de faire son devoir.

« La tête de Louis est tombée à 10 heures 20 minutes du matin. Elle a été montrée au peuple. Aussi-tôt mille cris, *vive la nation, vive la république française,* se sont fait entendre. Le cadavre a été transporté sur-le-champ, et déposé dans l'église de la Magdelaine, où il a été inhumé entre les personnes qui périrent le jour de son mariage, et les suisses qui furent massacrés le 10 août. Sa fosse avait douze pieds de profondeur et six de largeur. Elle a été remplie de chaux (2). »

----

(1) Autrefois place Louis XV, maintenant place de la Concorde.

(2) Moniteur universel, feuille du 23 janvier 1793.

Nous allons citer trois quatrains sur ce mal-heureux évènement.

CENTURIE X, *Quatrain* 43.

> Le trop bon temps, trop de bonté royale,
> Faicts et deffaicts prompt, subit, négligence,
> Léger croira faux d'espouse loyale,
> Luy mis à mort par sa bénévolence.

Il faut d'abord observer qu'il est évidemment question, dans ce quatrain, *d'un roi mis à mort,* et que lorsque Nostradamus parle d'un *roi* ou d'une *reine*, sans nommer le pays qui leur est soumis, il s'agit toujours des souverains de la France.

Ce quatrain présente en outre le véritable portrait de Louis XVI. Son insouciance, sa bonté, son incertitude, sa négligence, son caractère en même tems brusque et bon, ses soupçons et ses craintes au sujet de la reine qu'on avait cherché à perdre dans son esprit ; et cette *bénévolence* conduisant *ce roi à être mis à mort.*

C'est là une prédiction bien formelle et digne de remarque. Cependant Nostradamus ne s'en tient pas à ce quatrain ; et il entre en outre dans des détails particuliers relativement au supplice de cet infortuné monarque.

Centurie VI, *Quatrain* 92.

Prince de beauté tant venuste,
Au chef menée, le second faict trahy :
La cité au glaive de poudre face aduste,
Par trop grand meurtre le chef du roy hay.

On voit dans ce quatrain, Nostradamus, 238 ans avant l'évènement, gémir du sort réservé à ce malheureux Louis XVI, dont il vante la beauté dans les tems où il fut *mené au chef*, c'est-à-dire, lorsqu'il parvint au trône, s'indigner des trahisons et du meurtre dont il doit être la victime, et de la haine qui en devait résulter contre *le chef* du roi, dans cette ville de Paris, qualifiée de *cité au glaive*, qui voulant anéantir jusqu'aux restes de ce monarque, les fait ensevelir dans la chaux vive, pour les brûler. C'est ce qu'exprime le mot *aduste*, terme provençal dérivant de l'adjectif latin *adustus*, qui signifie *brûlé*.

Citons encore ce troisième quatrain, qui annonçait la révolte du peuple contre son roi, et l'oppression qui peserait particulièrement sur *Paris*, désigné ici par son anagramme *Rapis*.

Centurie VI, *Quatrain* 23.

Despit de regne numismes descriés,
Peuples seront esmeus contre leur roy.

Paix , faict nouveau , sainctes loix empirées
Rapis onq fut en si tera dur arroy.

Siège et pillage de Lyon.

La ville de Lyon , indignée de la tyrannie de la Convention , leva l'étendard de la révolte.

Vingt mille hommes furent envoyés pour en faire le siège , et les troupes républicaines y entrèrent enfin le 9 octobre 1793.

Cette ville fut livrée à toutes les horreurs du pillage et des exécutions révolutionnaires.

Centurie II, *Quatrain* 83.

Le gros traffic du grand Lyon changé ,
La pluspart tourne en pristine ruine :
Proye aux soldats par pille vendange.

Supplice de la reine Marie - Antoinette d'Autriche.

La Convention nationale , par son décret du premier août 1793 , renvoya *Marie-Antoinette au tribunal extraordinaire* , et ordonna qu'elle serait *transférée sur-le-champ à la Conciergerie.*

Le 3 octobre suivant , elle rendit un second décret , par lequel elle enjoignit au tribunal révolutionnaire de prononcer sur son sort dans le courant de la semaine.

Cette princesse fût amenéé à l'audience du tribunal le 15 du même mois : on lui fit la lecture de l'acte d'accusation qui lui avait été notifié la veille, après quoi on entendit les témoins.

Après l'audition du dernier témoin, la reine s'adressa au tribunal en ces termes : *Hier je ne connaissais pas les témoins; j'ignorais ce qu'ils allaient déposer contre moi : eh bien ! personne n'a articulé contre moi aucun fait positif. Je finis en observant que je n'étais que la femme de Louis XVI, et qu'il fallait bien que je me conformasse à ses volontés.*

Le président fit le résumé des débats, et posa ensuite les questions suivantes :

1°. *Est-il constant qu'il ait existé des manœuvres et intelligences avec les puissances étrangères et autres ennemis extérieurs de la République ; lesdites manœuvres et intelligences tendant à leur fournir des secours en argent, à leur donner l'entrée du territoire français, et à y faciliter les progrès de leurs armes ?*

2°. *Marie-Antoinette, veuve de Louis Capet, est-elle convaincue d'avoir coopéré à ces manœuvres, et d'avoir entretenu ces intelligences?*

3°. *Est-il constant qu'il a existé un complot*

et une conspiration tendant à allumer là guerre civile dans l'intérieur de la République ?

4°. Marie-Antoinette d'Autriche, veuve de Louis Capet, est-elle convaincue d'avoir participé à ce complot, à cette conspiration ?

Les jurés firent une déclaration affirmative sur toutes ces questions.

En conséquence, l'accusateur public requit, et le président après avoir recueilli les opinions, prononça la peine de mort, conformément aux articles du code pénal relatifs aux conspirateurs.

Ce jugement fut rendu le 16 octobre 1793, à quatre heures et demie du matin.

Pendant son interrogatoire, la reine conserva toujours une contenance calme et assurée. En entendant prononcer son jugement, elle ne laissa paraître aucune marque d'altération, et elle sortit de la salle d'audience sans proférer une seule parole. On la reconduisit dans la maison d'arrêt de la Conciergerie, au cabinet des condamnés.

Des canons furent placés en différens lieux, depuis le Palais jusqu'à la place de la Révolution.

A onze heures, Marie-Antoinette, en déshabillé piqué blanc, fut conduite au supplice, de la même manière que les autres criminels, c'est-à-dire, attachée sur une charette, accompagnée par un prêtre constitutionnel vêtu en laïc, et es-

cortée par de nombreux détachemens de gendarmerie à pied et à cheval.

Cette infortunée princesse , le long de la route,
paraissait voir avec indifférence la force armée ,
qui , au nombre de plus de trente mille hommes ,
formait une double haie dans les rues où elle
passa. On n'appercevait sur son visage ni abatte-
ment, ni fierté , et elle semblait insensible aux
cris de *vive la république ! à bas la tyrannie* !
Arrivée à la place de la Révolution , ses regards
se tournèrent du côté du jardin des Tuileries : on
apperçut alors sur son visage les signes d'une
violente émotion ; elle monta néanmoins sur l'é-
chafaud , et subit son supplice avec courage (1).

Le Dauphin , fils de Louis XVI et de Marie- 1795
Antoinette d'Autriche, resta prisonnier au Temple,
et y mourut le 8 juin 1795.

On a déja vu plusieurs prédictions de Nostradamus , relatives au supplice de Louis XVI ; on
va voir maintenant ce même supplice ; celui de
la Reine et la mort du Dauphin , prédits dans trois
vers qui forment une prophétie des plus sur-
prenantes.

---

(1) Voyez le procès de la reine , dans tous les journaux du
tems.

13

CENTURIE IX, *Quatrain* 77.

Le regne prins le roy conviera ;
La dame prinse à mort jurez à sort ,
La vie à royne fils on desniera.

Le regne, c'est-à-dire *le gouvernement*, ou *la Convention*, en qui résidait alors toute la puissance, *mort conviera* ; ce dernier mot est corrompu et mêlé du latin *via*, *chemin* ; ainsi *mort conviera le roy prins*, signifie, *enverra au chemin de la mort le roi pris ou prisonnier.*

Quant à la reine, nommée *dame* dans le second vers, également *prinse* ou *prisonnière*, elle ne devait pas être envoyée à la *mort* par *le regne* ou la Convention, mais par *jurez à sort.*

Dans un pays où l'on n'avait jamais entendu parler de jurés, comment a-t-on pu prévoir, 235 ans avant l'évènement, qu'une reine serait envoyée à la mort par des jurés ?

Le troisième vers exprimait que la mort du Dauphin ne serait pas naturelle. [L'on renvoie encore ici aux réflexions de l'auteur de la *Clef des Prophéties de Nostradamus*, au sujet du quatrain 41 de la IIIe. Centurie (1).]

____

(1) Voyez ci-dessus , page 42.

D'après cette explication, ces trois vers doivent être lus ainsi qu'il suit : *La Convention ou le gouvernement condamnera à mort le roi prisonnier, mais la reine aussi prisonnière sera condamnée par des jurés, et son fils perdra la vie sans forme de jugement.*

Réunion des Pays-Bas autrichiens à la France.

La Belgique fut réunie à la France au mois d'octobre 1795, par décret de la Convention nationale, dans un moment où la république française venait d'être divisée en cantons par la constitution de l'an 3.

Cet évènement et l'époque de son arrivée sont clairement exprimés dans le quatrain suivant, où la France est désignée dans le troisième vers par les noms des peuples de différentes provinces qui en font partie.

Centurie X, Quatrain 51.

Des lieux plus bas du pays de Lorraine,
Seront des basses Allemagnes unis ,
Par ceux du siege Picards , Normands du Maine ,
Et aux cantons se seront réunis.

Mort du pape Pie VI à Valence.

1799   Jean-Ange Braschi, né à Césène, le 27 décembre 1717, fut élu pape le 15 février 1775, et prit le nom de Pie VI.

Son pontificat, le plus long qu'il y ait eu, a duré 24 ans six mois quinze jours, et a surpassé celui de Saint Pierre d'un mois trois jours.

Ce vénérable pontife, dont la douceur, la sagesse et la résignation ne se démentirent jamais, fut dépouillé de ses états par le gouvernement directorial de la France; obligé de quitter l'Italie, et conduit, comme un prisonnier, de ville en ville, à l'âge de 82 ans.

Il arriva enfin en France au mois d'avril 1799, et fut emmené à Valence, où il mourut captif le 29 août suivant.

Cet évènement, unique dans l'histoire de l'église, avait été prédit par Nostradamus dans la

CENTURIE II, *Quatrain* 97.

Romain pontife garde de t'approcher
De la cité que deux fleuves arrouse,
Ton sang viendra auprès de là cracher,
Toy et les tiens quand fleurira la rose.

Ce quatrain n'a besoin d'aucune explication,

puisque tout le monde sait que la ville de *Va-lence* est voisine de celle de *Lyon*, arrosée par la Saône et le Rhône, et que l'on vient de voir que Pie VI y arriva au printems.

Directoire exécutif et Consulat.

La constitution de l'an 3 confia le gouvernement de la France à un directoire exécutif, composé de cinq membres.

Ce gouvernement subsista jusqu'à la célèbre journée du 9 novembre 1799 (18 brumaire an 8.)

La constitution de l'an 8, qui fut la suite de cette journée, mit toute l'autorité entre les mains de trois Consuls, et nomma le général Bonaparte premier Consul pour dix ans.

Ces deux formes de gouvernement ont été annoncées par Nostradamus, dans un quatrain, où il s'est glissé, au premier vers, une erreur typographique qu'il importe de faire remarquer avant de rapporter les trois autres vers qui complètent la prédiction.

Après le siege tenu dixse ptans.

Il semble qu'on devrait lire : *Après le siège tenu dix-sept ans* ; mais les évènemens nous ayant éclairés sur le reste de la prophétie, on ne peut douter qu'il n'y ait erreur dans l'arrangement des lettres du verbe *est*, dans celui des mots de ce vers, et que la lettre *p* du dernier monosyllabe *ptans*, qui n'est pas intelligible, n'ait été mal-à-propos employée par l'imprimeur, et ne doive être supprimée.

Dès-lors on trouve un sens complet et l'une des prédictions les plus extraordinaires de Nostradamus dans ce quatrain, en lisant le premier vers ainsi qu'il suit :

CENTURIE V, *Quatrain* 92.

Après , le siege est tenu dix ans ,
Cinq changeront en tel révolu terme ,
Puis sera l'un esleu de mesme temps ,
Qui dés Romains ne sera trop conforme.

Le siege est tenu dix ans, c'est-à-dire, la révolution et l'anarchie dureront dix ans, depuis 1789 jusqu'en 1799. *Après, cinq changeront en tel révolu terme ; puis sera l'un esleu de mesme temps, qui des Romains ne sera trop conforme.*

Ces trois derniers vers ont-ils besoin d'explication ? et tout le monde n'y voit-il pas clairement exprimé, qu'après ces dix années de révolution et d'anarchie, le gouvernement qui serait alors entre les mains de cinq individus, changerait ; qu'il serait élu un magistrat *de mesme temps*, c'est-à-dire, pour dix ans, ou le même espace de tems dont il est question dans le premier vers ? Le dernier surtout n'est-il pas d'une vérité frappante, puisqu'en annonçant que ce magistrat ne serait pas *trop conforme* au magistrat *des Romains*, Nostradamus nous prédisait, 244 ans à l'avance, que la France aurait un premier Consul ; mais que ce chef du gouvernement posséderait une autorité bien différente de celle des consuls de Rome, qui n'étaient, à proprement parler, que les conseillers du peuple Romain ?

Bonheur et gloire de la France sous le gouvernement consulaire.

Le général Bonaparte débarqua à Fréjus, venant d'Egypte, le 9 octobre 1799, arriva à Paris le 16 du même mois, vingt-quatre jours seulement avant la journée du 9 novembre (18 brumaire), qui termina la révolution. Il fut nommé Consul le lendemain 10 novembre, et premier Consul pour dix ans le 13 décembre suivant. Le sénat l'élut premier Consul pour dix autres années, le 8 mai 1802 ; mais le peuple consulté par le second Consul Cambacérès, déclara qu'il ne voulait plus d'autre maître que Bonaparte, et le nomma premier Consul à vie. Il fut proclamé en cette qualité le 15 août suivant. Le peuple français n'en est pas resté là ; et nous l'avons vu bientôt après placer sur le trône celui que le Ciel lui avait envoyé d'Egypte pour mettre fin à ses maux.

A peine Bonaparte est-il le maître, qu'il ordonne la clôture de la trop fameuse liste des émigrés, et qu'il parvient, par la force de ses armes, à donner la paix au monde en obligeant ses ennemis à signer les traités de Lunéville et d'Amiens.

Ce grand évènement de l'arrivée de Bonaparte et ses suites étaient annoncés par le

PRÉSAGE 73.

Droit mis au throne du ciel venu en France,
Pacifié par vertu l'univers,
Plus sang espandre, bientost tourner chance,
Par les oiseaux, par feu, et non par vers.

Ce quatrain est trop clair pour avoir besoin d'être expliqué. Il suffit de faire remarquer que le dernier vers est tout allégorique, et que Nostradamus par *oiseaux* et *par feu* indiquait la *promptitude* et la *force* du génie qui exécuterait ces grandes choses.

Érection du grand duché de Toscane en royaume d'Étrurie, pour un Bourbon.

La Toscane érigée en royaume par le traité 1801 conclu le 8 février 1801, entre le premier consul Bonaparte et l'empereur d'Allemagne, a été donnée par ce même traité au fils du duc de Parme, infant d'Espagne, descendant de Louis XIV.

Ce prince a été en conséquence proclamé à Florence roi d'Etrurie, sous le nom de Louis Ier., le 2 août 1801.

CENTURIE V, *Quatrain* 3.

Le successeur de la duché viendra
Beaucoup plus outre que la mer de Toscane :
Gauloise branche la Florence tiendra
Dans son giron d'accord nautique rane.

Même CENTURIE, *Quatrain* 39.

Du vray rameau de fleur de lys yssu,
Mis et logé heritier d'Hetrurie :

Son sang antique de longue main tissu ,
Fera Florence florir en l'armoirie.

Traité d'Amiens, paix générale, et nouvelle rupture.

1802   La paix fut enfin donnée à l'Europe par le traité, conclu à Amiens le 25 mars 1802 ; mais cette paix qui à peine a duré quatorze mois, a été rompue par l'Angleterre qui s'est refusée à évacuer l'île de Malte malgré les dispositions de ce traité.

Le premier consul fit tout ce qui était en son pouvoir pour éviter la guerre ; il en vint même à proposer à l'Angleterre de remettre Malte à l'une des grandes puissances de l'Europe, jusqu'à ce que les difficultés survenues entre la France et la Grande-Bretagne eussent été levées ; mais tout fut inutile : l'Angleterre avait résolu de faire de nouveaux efforts pour embraser le continent, bien persuadée que, quoiqu'il pût arriver, elle en serait quitte pour le paiement de quelques subsides aux puissances qu'elle engagerait à se mettre à sa solde.

Centurie I, *Quatrain* 92.

Sous vn la paix partout sera clamée,
Mais non long-temps , pille et rebellion
Par refus ville , terre et mer entamée ,
Mort et captifs le tiers d'un million.

Il est question dans les deux premiers vers d'une paix générale de courte durée ; le troisième vers indiquait que la cause de la rupture de cette paix serait le refus de remettre une *ville* ; que ce *refus* porterait la guerre sur *terre* et sur *mer*. Le quatrième vers présageait combien cette guerre serait sanglante.

RÈGNE DE NAPOLÉON-LE-GRAND.

Avénement de Napoléon Ier., empereur.

La France voulant enfin assurer son repos et sa félicité, a déféré à son premier consul Bonaparte et à sa postérité la dignité impériale, par un sénatus-consulte du 18 mai 1804 (28 floréal an 12).

1804

L'empereur a été en conséquence proclamé dans Paris, le 20 du même mois de mai, sous le nom de Napoléon Ier.

CENTURIE IV, *Quatrain 57.*

Du nom qui oncques ne fut au roy gaulois,
Jamais ne fut un foudre si craintif,
Tremblant l'Italie , l'Espagne et les Anglois,
De femme estrangiers grandement attentif.

Il suffit de rappeler que l'impératrice Joséphine, épouse de l'empereur Napoléon, est née en Amérique.

Voyons maintenant l'explication de ce quatrain, donnée par *Guynaud* en 1693 (1).

« C'est-à-dire, que dans la suite des temps, la France aura un roi d'un nom qu'aucun autre roi de France n'aura encore porté ; mais aussi *qu'alors on n'aura jamais vû un foudre si craintif*, cest-à-dire, un guerrier si redoutable et si craint qu'il le sera ; puisqu'effectivement il fera trembler, comme le dit la prophétie, toute l'Italie, l'Espagne, et les Anglois. Nostradamus ajoute : *de femme estrangiers grandement attentif*; c'est-à-dire , que ce prince aura beaucoup de complaisance et d'attachement pour une dame qui sera originairement étrangère. »

Nous nous contenterons d'observer que, depuis Nostradamus, il n'y a eu en France aucun roi Ier. de son nom, et que cette prophétie, imprimée en 1555 et l'explication qui en a été donnée en 1693, sont également admirables, soit qu'on en fasse l'application au nom de *Napoléon*, qui n'a été porté par aucun roi de France, ou au titre

---

(1) Concordance, page 557.

d'*empereur des Français* que la France n'a jamais donné à ses rois.

CENTURIE VIII, *Quatrain* 57.

De souldat simple parviendra en Empire,
De robe courte parviendra à la longue,
Vaillant aux armes en l'église ou plus pyre,
Vexer les prêtres comme l'eau fait l'esponge.

Ce premier vers ne suffirait-il pas seul pour immortaliser Nostradamus ? Le second vers n'est qu'une figure ajoutée au premier. Le troisième indiquait l'époque précise où ce *vaillant soldat* devait parvenir à l'*Empire* ; c'est dans le tems où l'église serait le plus persécutée ; le quatrième vers annonçait en outre qu'il mettrait fin à la persécution du clergé.

Nous avons déja observé ci-dessus au sujet du troisième quatrain de la première centurie (1), que le mot *vexer* dans Nostradamus signifie *établir*, *soutenir*, *protéger*, et c'est dans ce sens qu'il faut encore l'entendre ici. Ainsi par ces mots : *vexer les prêtres comme l'eau fait l'esponge*, Nostradamus a voulu dire que ce monarque s'attirerait l'amour du clergé comme

____

(1) Voyez page 133.

l'éponge attire l'eau, et qu'il protégerait et sou-
tiendrait l'église comme l'eau soutient et embellit
une éponge.

Nostradamus ne s'est pas contenté de prédire que
la France serait gouvernée par un souverain qui
porterait un nom que nul autre n'aurait encore
porté, que ce souverain ferait trembler l'Italie,
l'Espagne, et les Anglais, et que de simple soldat
il parviendrait à l'empire : il a encore annoncé,
d'une manière précise, l'époque avant laquelle
arriverait cet évènement unique et à jamais mémorable.

Voici cette étonnante prophétie qui date de 1555.

CENTURIE III, *Quatrain* 57.

Sept fois changer verrez gent britannique,
Taints en sang en deux cens nonante an ;
France, non point par appuy, germanique,
Aries doubte son pole bastarnan.

Nostradamus annonçait par les deux premiers
vers relatifs à l'Angleterre, que la nation britannique, teinte du sang de son roi, éprouverait
sept changemens dans l'espace de 190 ans, à dater
de l'an 1555, c'est-à-dire, avant 1845.

Le premier changement date du règne de Marie. Henri VIII et Edouard VI avaient changé la

religion de l'Angleterre ; la reine Marie, parvenue au trône en 1553, fit tous ses efforts pour détruire l'hérésie et rétablir la religion catholique. Si son zèle eût été plus prudent, peut-être aurait-elle réussi ; mais soit qu'elle eût été aigrie par la persécution qu'elle avait elle-même essuyée, soit qu'elle crût que les moyens employés par ses prédécesseurs pour détruire la religion catholique, pussent seuls anéantir l'hérésie, elle prit le parti de la rigueur ; mais le sang qu'elle fit répandre et la persécution qu'elle exerça, ne produisirent aucun avantage réel pour l'église ; tout ce qui en résulta, fut le retour apparent à la religion pendant son règne.

Le second changement arriva en 1558, à l'avènement de la reine Elizabeth, qui rétablit la religion anglicane et persécuta violemment les catholiques.

Le troisième survint par l'avènement de Jacques VI, roi d'Ecosse, qui monta sur le trône d'Angleterre, sous le nom de Jacques Ier. en 1603.

Le supplice de Charles Ier., et l'établissement de *la république anglaise*, en 1649, forment le quatrième changement.

Le cinquième s'opéra en 1660 par le rétablissement de la monarchie et du roi Charles II.

Le sixième eut lieu sous Jaques II, qui fut

détrôné en 1689, par son gendre Guillaume III, Stathouder de Hollande ; à qui la couronne fut donnée conjointement avec sa femme, la reine Marie. Par le bill qui les appela au trône, Anne, sœur de Marie, devait leur succéder et leur succéda en effet en 1702.

Enfin, le septième changement prédit par Nostradamus, est arrivé en 1714, lorsque, sans égard pour les droits du prétendant fils de Jacques II, la maison de Brunswik est montée sur le trône d'Angleterre dans la personne de l'électeur d'Hanovre, qui prit le nom de Georges Ier.

Si cette prophétie n'était pas consignée dans une foule d'éditions de Nostradamus, ne croirait-on pas qu'elle vient d'être imaginée de nos jours ? Quoi de plus surprenant, que de trouver dans les deux premiers vers de ce quatrain, l'histoire abrégée de l'Angleterre pendant un espace de 160 ans, et dans le troisième, la prédiction de l'évènement le plus extraordinaire et le plus glorieux que présente l'histoire de France ?

Nostradamus, après avoir ainsi présagé les sept révolutions qui se sont succédées en Angleterre, et qui devaient toutes arriver, comme elles sont arrivées en effet, avant 1845, ajoute :

France, non point par appuy, germanique.

Ce qui signifie, qu'avant la même époque de 1845, la France deviendrait *germanique*, c'est-à-dire, qu'elle prendrait dans son gouvernement la forme de l'état germanique ; que son souverain porterait le titre d'*empereur*, et que de simple monarchie qu'elle était alors, elle deviendrait un vaste empire ; d'où dépendrait, comme de l'empire germanique, un grand nombre de rois et d'autres souverains. *Non point par appuy :* Nostradamus annonçait par ces mots, que ce changement s'opérerait sans l'appui d'aucune puissance ; il aurait pu ajouter, malgré toute l'Europe coalisée.

On lira avec surprise l'explication dont ce quatrain était susceptible en 1656, donnée par l'auteur des *Éclaircissemens des véritables quatrains de Nostradamus* ; on la trouvera parfaitement conforme à celle que nous en donnons 150 ans après, et lorsque les évènemens ont justifié la vérité de toute la prédiction et de l'explication que cet auteur en a donnée (1).

Il commence par le troisième vers, relatif à la France, et il l'explique en ces termes : *France glorieuse, persévérant tousiours en la religion catholique, et son estat royal changé en impérial.*

---

(1) Eclaircissemens, etc., imprimé en 1556.

« Les deux premiers vers, ajoute-t-il, touchent le royaume d'Angleterre ; le quatriesme donne la marque du temps, par le mouvement du signe d'Aries, durant lequel temps le ciel sera favorable à la France.

» Quant aux deux premiers vers, il dit (Nostradamus), que la *gent britannique*, c'est-à-dire, les Anglois, changeront *sept fois*, soit de gouvernement, soit de religion, en 290 ans.

» L'auteur écrivoit ce quatrain tout au plus tard en 1555, auquel, si on adjouste 290 ans, on vient jusques à l'an 1845 ; par conséquent, depuis l'an 1555 jusques à l'an 1845, les Anglois changeront sept fois, ou quant à la religion, ou quant à l'estat et gouvernement.

» De ces sept fois nous en avons deia veu quatre depuis l'an 1555 jusques à la présente année 1655.

» La première fois fut sous Marie d'Angleterre, qui remit la foy catholique dans le royaume, succédant à Édouard sixiesme, qui l'avoit beaucoup ruynée.

» La seconde fut sous la reyne Elizabeth, qui rappela et restablit l'hérésie.

» La troisiesme fut sous le roy Jacques, lequel, bien qu'il ne fît point de changement notable pour ce qui est de l'hérésie desia introduite, fit néanmoins changement de gouvernement, par l'vnion des trois royaumes , d'Angleterre , d'Écosse et d'Irlande, et succédant au royaume d'Angleterre, dont la reyne Marie Stuard sa mère fut iniustement recusée par l'usurpation d'Élizabeth et la puissance de son party.

» La quatriesme se void à présent par l'expulsion du roy légitime, la faction des parlementaires , et l'invasion de Cromvel.

» La cinquiesme se verra bientost *sous un roy légitime successeur.*

» La sixiesme et septiesme se pourroient dire ; mais le moins qu'on peut traiter du futur, c'est le plus à propos , laissant à la providence divine les évènemens des choses. »

Cet auteur fait ensuite un long discours astronomique sur le quatrième vers , pour prouver qu'il se rapporte à l'espace de 290 années , dont il est question au second vers.

Il termine enfin son explication , en s'écriant : *Glorieuse donc la France, qui persévérera dans la religion jusques à l'avènement des ayeuls de l'Ante-Christ, et qui de royaume sera fait empire, comme nous pourrions prouver, si nous n'avions résolu de ne point entamer les choses futures* (1).

----

(1) Page 116 et suiv.

Il nous serait facile, sans *entamer les choses futures*, de montrer que Nostradamus a prédit d'autres évènemens arrivés depuis 1804; mais nous nous sommes imposés la loi de ne pas aller, dans ces explications, au-delà de la grande et glorieuse époque de l'avènement de Napoléon Ier. au trône impérial de France.

Nous ne pouvons cependant nous empêcher de citer quelques quatrains qui annoncent la chûte de la monarchie anglaise.

SUR L'ANGLETERRE.

Centurie II, *Quatrain* 68.

De l'aquilon les efforts seront grands,
Sur l'Océan sera la porte ouverte,
Le regne en l'isle sera reintegrand
Tremblera Londres par voille descouverte.

Centurie VIII, *Quatrain* 37.

La forteresse auprès de la Tamise
Cherra par lors, le roy dedans serré,
Auprès du pont sera veu en chemise
Vn devant mort, puis dans le fort barré.

Centurie X, *Quatrain* 22.

Le roy des isles sera chassé par force,
Mis en son lieu qui de roy n'aura signe.

Méme Centurie, *Quatrain* 26.

Long-temps Bretagne tiendra avec la France.

Même Centurie , *Quatrain* 100.

Le grand empire sera par Angleterre
Le pempotan des ans plus de trois cens :
Grandes copies passer par mer et terre ,
Les Lusitains n'en seront pas contens.

Ces prédictions sont bien claires , et n'ont pas besoin d'explication. Voyons cependant celle du centième quatrain de la dixième Centurie , donnée dans une lettre écrite à Sedan , le 9 mars 1651. Cette lettre a été insérée dans l'ouvrage intitulé : *Les vrayes Centuries de Michel Nostradamus , expliquées sur les affaires du temps ,* Paris , 1652 (1).

« Les Anglois troubleront la France pour vn temps ; mais aussi si les François les entreprennent une fois , ils se peuvent assurer qu'ils n'en demeureront pas quittes , jusques à ce qu'on les ayt subjuguez : ainsi que Nostradamus a remarqué en plusieurs endroits de ses prophéties , et notamment dans ce quatrain , où il dit : que *la France possédera l'Angleterre environ trois cens ans* ; pendant lequel temps ils se voudront rebeller , mais en vain ; il n'y aura que les Portugais qui en receuvront vn peu d'incommodité ,

______

(1) Page 45.

quand il dit : *Les Lusitains n'en seront pas contens.*

» Les Anglois, ajoute l'auteur de la lettre , de-
vroient penser de bonne heure à ce qu'ils pré-
tendent faire contre la France ; s'ils ne le font pas,
ils obligeront un jour le roy de France , lorsqu'il
sera *empereur*, de les exterminer. »

L'ONOMATOMANCIE

*Appliquée à Napoléon premier, empereur des
Français et roi d'Italie.*

Après avoir expliqué les prédictions de Nostradamus sur l'empereur Napoléon , il ne sera pas
hors de propos de faire remarquer que le nom
et les titres de ce monarque, décomposés suivant
les règles de l'onomatomancie, forment un présage qui vient à l'appui de ces prédictions ; en
annonçant la gloire et la puissance de l'empereur
des Français , et les hautes destinées réservées à
la France sous le gouvernement impérial.

L'onomatomancie , ou l'art de présager , par
les lettres du nom d'une personne , le bien ou le
mal qui lui doit arriver , était fort usitée chez les
anciens. La secte de Pythagore surtout était très-
attachée à cette espèce de divination qui n'était
pas inconnue aux Juifs, puisque ce fut par elle

que Joseph expliqua les songes du panetier et de l'échanson du roi d'Egypte et celui de Pharaon.

Dans la pratique de l'onomatomancie chaque lettre de l'alphabet représente le nombre auquel elle correspond depuis 1 jusqu'à 25. Mais outre cette valeur numérique des lettres, on peut rapporter à l'onomatomancie toutes les manières de considérer les noms, soit dans leur ordre naturel, soit décomposés et réduits en anagramme.

C'est ce qu'Ausone, de Bordeaux, poëte et consul Romain, appelle :

Nomen componere, quod sit
Fortunæ, morum, vel necis indicium.

Quoiqu'on n'attache pas ordinairement une grande importance à ces combinaisons, on ne pourra s'empêcher de voir avec plaisir et surprise qu'indépendamment d'autres motifs bien plus solides que nous avons de compter sur la prospérité et sur la gloire du règne de l'Empereur, ce monarque, d'après les règles de l'onomatomancie appliquées à son nom et à ses titres, doit être le maître de l'Europe.

Napoléon premier, empereur des Français et roi d'Italie. Voilà le nom et les titres de S. M. en huit mots composés de 46 lettres, dont il faut trouver l'emploi.

41 d'entr'elles donnent la phrase suivante :

Ce Napoléon sera maître de Paris et de l'Europe ; *J. i. i.*, dans laquelle trois initiales expriment la destinée de son auguste compagne Joséphine *impératrice immortelle*.

Il reste 5 lettres pour compléter les 46, savoir : un *f*, qui vaut 6, une *m*, qui vaut 13, une *n*, qui vaut 14, et deux *r*, qui valent chacun 18, ce qui donne en tout le nombre 69.

Ainsi, ces huit mots présentent à-la-fois le nombre 69, qui est celui de l'année de la naissance de l'empereur dans le dernier siècle, le présage le plus formel de l'établissement du système européen, conçu par le génie de S. M., et trois lettres qui complètent cet étonnant présage, en assurant à l'impératrice une immortalité qui lui est dûe à tant de titres.

A-t-on jamais trouvé par l'onomatomancie rien d'aussi exact et d'aussi glorieux ? Et qui pourra désormais jeter les yeux sur ces mots : *Napoléon premier, empereur des Français et roi d'Italie*, sans penser qu'il est écrit dans le livre des destins que *ce Napoléon*, né en 69, uni à Joséphine *impératrice-immortelle*, *sera maître de Paris et de l'Europe ?*

RÉPUBLIQUE.

RÈGNE DE NAPOLÉON-LE-GRAND.

FIN DE LA TABLE DES MATIÈRES.

Fautes qu'il est essentiel de corriger.

Page 16, à la première ligne de la note, les contredits aux faulses et abusives, *lisez :* les
contredicts aux faulses et abbusifues.

59, Centurie IX, *lisez :* Centurie IV.

63, ligne 8, resgne, *lisez :* regne.

69, dernière ligne de la note, le nombre
de dix, *lisez :* le nombre dix.

80, lignes 5, 9 et 16, Mendosus, *lisez :*
MENDOSVS.

93, lignes 4 et 5, *supprimez*, dit de Thou.

Id., ligne 25, Richelieu, dit de Thou,
lisez : Richelieu, dit le président Hénault.

96, dernière ligne, la gloire, *lisez :* sa
gloire.

102, ligne 5, où il fut mis, *lisez :* où il fut
placé.

137, ligne 4, écrit de la main, *lisez :* écrit
de la main.

www.ingramcontent.com/pod-product-compliance
Ingram Content Group UK Ltd.
Pitfield, Milton Keynes, MK11 3LW, UK
UKHW021526090726
13657UKWH00001B/431